너는 나에게 상처를 줄 수 없다

Nimm's bitte nicht persöhnlich.
Der gelassene Umgang mit Kränkungen by Bärbel Wardetzki
Copyrights © 2012 by Kösel-Verlag
a division of Verlagsgruppe Random House GmbH, München, Germany

All Rights Reserved. No part of this publication may be used
or reproduced in any manner whatever without written permission except
in the case of brief quotations
embodied in critical articles or reviews.

Korean Translation Copyrights © 2013 by Woongjin Think Big Co., Ltd.
Korean edition is published by arrangement with Verlagsgruppe
Random House GmbH, München through BC Agency, Seoul

이 책의 한국어판 저작권은 BC에이전시를 통한
저작권자와의 독점 계약으로 '웅진씽크빅'에 있습니다.
저작권법에 의해 한국 내에서 보호를 받는 저작물이므로 무단전재와 복제를 금합니다.

일에서든, 사랑에서든, 인간관계에서든
더 이상 상처받고 싶지 않은 사람들을 위한 관계 심리학

너는 나에게 상처를 줄수없다

Nobody can hurt me without my permission.

배르벨 바르데츠키 지음 | 두행숙 옮김

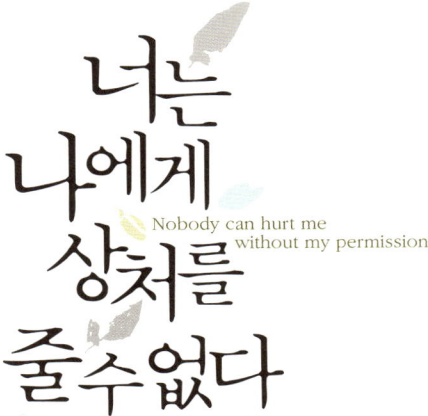

걷는나무
walking tree

Prologue
세상이 당신을 함부로 하게
내버려 두지 마라

나는 매일 상처받은 마음을 지키는 맹수와 만난다. 그 맹수는 엄청나게 사나워서 조금만 가까이 가도 더 이상 건드리지 말라며 으르렁댄다. 결국 나는 상처가 어떻게 생겼는지는 보지도 못한 채 첫 번째 상담을 마칠 때가 많다. 그 맹수의 이름은 '열등감'이다. 그들은 스스로를 깎아내리며 다른 사람에게 진정한 자신의 모습을 보여 주는 것을 거부한다. 멋지고 완벽한 모습으로 자신을 꾸미거나 아니면 세상과 거리를 두고 자기만의 성을 쌓고 살아간다. 그들은 누군가 진심으로 다가와 주길 바라면서도 정작 자기 마음은 꽁꽁 숨긴다. 그러나 맹수에게 몸을 맡기고 상처받은 마음을 감추기만 하면 자기도 모르는 새 정말 소중한 걸 잃을 수 있다. 바로 있는 그대로의 나를 사랑하는 마음, 자신 있고 당당하게 인생을 살아가게 해 주는 자존감을 잃어버리는 것이다. 나는 이 책에서 누구나의 마음속에 도사리고 있는 그 맹수를 길들이고자 한다. 그리고 우리를 함부로 대하는 수많은 사람들과 끊임없이 상처를 주고받는 세상에서, 나 자신을 진정으로 사랑하는 방법을 알려 주려고 한다.

32년간 마음이 아픈 사람들을 치료하며 깨달은 게 있다. 상처를 주고받는 일은 삶 곳곳에 광범위하게 퍼져 있으며 평생 동안 계속된다는 것이다. 마음의 상처는 폭언, 폭행, 학대, 버림받음 같은 심각한 사건이 있을 때만 발생하는 게 아니다. 감정이 상하는 모든 일들이 상처와 관련이 있다. 점심 먹으러 갈 사람이 없을 때, 반갑게 한 인사를 무시당했을 때, 주위 사람들이 나만 빼놓고 몰래 회식을 갔을 때, 뒷말을 들었을 때, 동등한 파트너라고 생각했던 사람에게 아랫사람 취급을 당했을 때, 내가 성공시킨 업무를 다른 사람에게 넘겨야 할 때, 사랑하는 사람에게 헤어지자는 말을 들었을 때, 아무리 노력해도 원하는 것을 이루지 못할 것 같은 불안감이 들 때……, 일일이 열거할 수 없는 많은 일들이 우리에게 상처를 입힌다. "나에게는 절대 그런 일이 일어나지 않아"라고 믿고 싶겠지만 상처받는 상황은 완전히 피할 수 있는 것도, 사라지게 할 수 있는 것도 아니다.

우리가 할 수 있는 유일한 일은 상처를 이겨 내는 힘을 기르는 것이다. 그러기 위해서는 먼저 상처받았다는 사실을 시인해야 한다. 대부분의 사람들은 상처를 드러내고 치유하기보다는 가능한 꽁꽁 감추고 혼자 감당하려고 한다. 그리고 상처 준 사람에게 따지는 대신 모욕감을 끌어안고 혼자 괴로워하는 쪽을 선택한다. 감정을 터뜨려 버리면 지금까지 쌓아 온 모든 관계가 끝장나 버릴 것 같기 때문이다. 하지만 상처받은 마음을 외면하면 상처에서 벗어나기는커녕 발목을 잡히게 된다.

특히 습관적으로 남에게 모욕을 주는 사람들은 기분이 상했다는 것을 숨기려고 하는 우리의 약한 마음을 빌미로 죄책감 없이 무시하는 말들을 쏟아낸다. 그런 악순환을 끝내려면 고통도, 슬픔도, 분노도, 생생하게 느끼면서 상처와 정면으로 마주해야 한다.

그리고 삶을 단단히 지탱해 주는 자존감 안에서 당당하게 관계를 맺어야 한다. 자존감이 약한 사람들은 모욕적인 일을 당했을 때 제대로 방어하지 않고 어물쩍 넘어간다. 화를 냈다가 더 큰 상처를 받을까 봐 겁이 나기 때문이다. 그러면 마음은 위축될 수밖에 없다. 자신도 모르게 남들이 좋아하는 방식에 순응하려고 하고, 점점 남들의 칭찬과 인정에 매달리게 된다. 더 큰 문제는 한쪽은 상처를 받기만 하고 다른 한쪽은 주기만 하는 부정적인 관계가 고착화된다는 것이다. 다른 사람을 폄하하고 비하하는 말을 서슴없이 하는 사람들은 자신의 잘못은 없는지 생각해 보려고 하는 상대의 착한 마음을 이용해 끝없이 잘못을 전가하고 자책하게 만든다.

서로 진심으로 통하고 존중하는 관계를 맺기 위해서는 내가 책임질 필요가 없는 잘못은 반드시 상대방에게 되돌려 주어야 한다. '나의 잘못'과 '너의 잘못'을 분리하고 무조건 내 탓도, 무조건 남 탓도 하지 않을 때 비로소 나를 함부로 대하는 사람들과 이유 없는 차별, 끝없는 열등감에서 벗어날 수 있다. 적어도 내 마음에서는 그렇게 선을 그어야 한다. 절대 나 자신을 억울한 죄인으로 만들면 안 된다.

조련사들은 호랑이를 길들일 때 살아 있는 먹이를 주지 않는다. 호랑이가 맹수의 본성을 깨닫고 포악해질 수 있기 때문이다. 마음속 맹수를 길들이는 것도 이와 비슷하다. 피가 철철 흐르는 살아 있는 상처를 계속 마음속에 담아 두면 맹수는 더욱 길길이 날뛰며 나뿐만 아니라 주변 사람들의 마음에까지 상처를 입힌다. 그러므로 상처를 마주보고 자신의 목소리로 말해야 한다. '누가 뭐라고 해도 나는 세상에서 하나뿐인 소중한 사람이다'라고 응원해 주어야 한다.

이 책을 쓰기 전, 30년 넘게 모아 둔 진료 기록들을 다시 한번 펼쳐 보았다. 그 안에는 불친절한 태도 같은 사소한 상처부터 노골적인 조롱이나 따돌림, 가까운 사람과의 이별 같은 절대 죽지 않고 되살아나는 '좀비 상처'까지, 인생을 좀먹는 크고 작은 상처들이 모두 들어 있었다. 그들의 이야기를 다시 읽으며 작은 상처를 우습게 여기고 방치하는 게 얼마나 바보 같은 일인지 깨달았다. 결국 우리의 마음을 매일 조금씩 주눅 들게 하고 위축되게 만드는 건 티끌처럼 작은 것들이니까.

삶은 상처투성이다. 그러나 똑같이 부당한 일을 당해도 어떤 사람은 상처를 입고 어떤 사람은 상처를 입지 않는다. 그 차이는 있는 그대로의 나를 사랑하는 마음에 달려 있다. "중요한 것은 부당한 대접이나 모욕을 받았느냐가 아니라, 어떻게 이를 견뎌냈느냐다"라는 세네카의 말처럼, 자신을 사랑하는 사람은 상처가 인생을 망치도록 내버려 두지 않는다.

누군가 나의 마음을 상하게 하는 것을 그냥 덮고 지나가지 마라. 사랑한다고 해서, 나이가 많고 직위가 높다고 해서 상대가 나를 마음대로 휘두르게 둬서는 안 된다. 그리고 다른 사람들의 칭찬과 인정에서 나의 가치를 찾으려고 해서도 안 된다. 나는 누구보다 소중한 사람이다. 열등감도 있고 단점도 많지만 좋은 사람을 만나고 좋은 관계를 만들어 갈 수 있는 충분히 괜찮은 사람이다. 그러니까 내가 허락하지 않는 이상 '너는 나에게 함부로 상처를 줄 수 없다'는 단단한 마음을 갖고 삶을 헤쳐 나가길 바란다.

배르벨 바르데츠키

Contents

Prologue | 세상이 당신을 함부로 하게 내버려 두지 마라 · 4

Chapter 1 너는 나에게 상처를 줄 수 없다

: : 상처로부터 나를 지켜 줄 사람은 '나 자신' 뿐이다 · 15
: : 너는 나에게 상처를 줄 수 없다 · 27
: : 나를 사랑하라, 그러면 인생도 당신을 사랑하리라 · 34
: : 인정받지 못한 아이가 어른이 됐을 때 · 44
: : 너무 아파서 화를 내는 사람들 · 50
: : 아픈 마음은 몸이 먼저 안다 · 59
: : '나의 잘못'과 '너의 잘못'을 분리하라 · 66

Chapter 2 더 이상 모든 일을 당신 탓이라고 생각하지 마라

: : 상처는 언제나 같은 자리에서 시작된다 · 75
: : 더 이상 자신을 탓하지 마라 · 84
: : 편견에서 자유로울 수 있는 사람은 없다, 단 한 명도 · 91
: : 너와 나 사이에 필요한 마음의 거리 · 100
: : 사랑에 매달릴수록 사랑은 멀어진다 · 108
: : 왜 그 사람과 나는 행복할 수 없었을까? · 116
: : 누구의 삶도 완벽할 순 없다, 그래서 인생이 재미있는 것이다 · 121

: : 사랑이 끝난 것이지 인생이 끝난 게 아니다 · 130
: : 끝없이 되살아나는 '좀비 상처'에서 벗어나는 법 · 140

Chapter 3 나는 거부한다, 내게 상처 주는 모든 것들을

: : 내가 아픈 만큼 똑같이 아프게 하는 복수는 없다 · 153
: : 상처를 주게 만드는 네 가지 함정 · 161
: : 손대지 않고 내버려 둬야 하는 상처도 있는 법이다 · 170
: : 말(言)을 재는 황금저울 · 179
: : 상처가 권력으로 변할 때 · 186
: : 습관적으로 상처를 주는 사람들 · 194
: : 다른 사람의 인정과 칭찬에 매달리지 말고 자기 인생을 살아가라 · 200
: : 외상 후 격분장애를 다루는 법 · 209

Chapter 4 두려움 없이, 나 자신을 진정으로 사랑하는 법

: : 상처투성이 세상에서 자존감을 지키며 살아가는 25가지 방법 · 215
: : 심리 테스트_ 당신은 상처에 어떻게 반응하는 사람일까? · 252

참고문헌 · 256

Chapter 1

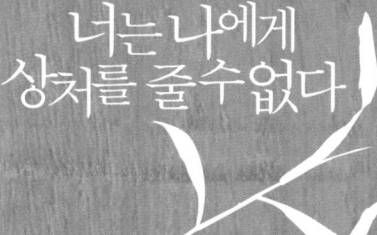
너는 나에게
상처를 줄수없다

상처를 받고 똑같이 앙갚음할지,
아니면 관계를 단절시키지 않고
건설적으로 문제를 해결할지는
우리 손에 달려 있다.

상처로부터
나를 지켜 줄 사람은
'나 자신' 뿐이다

> 할머니는 언제나 가지를 소금에 절여 물기를 짜낸 다음 요리를 시작했다.
> "왜 가지에 소금을 뿌리시는 거예요?"
> "그래야 가지가 울거든. 사람처럼 가지도 울어야 쓴맛이 없어진단다."
> _라픽 샤미, 「1001개의 거짓말」

 상처라는 주제에 대해 오래 다루면 다룰수록, 나는 그것이 우리의 삶에 광범위하면서도 숙명적인 의미를 지니고 있음을 느낀다. 원하든 원하지 않든, 의식적이든 무의식적이든 간에, 우리는 다른 사람들에게 상처를 주고 또 우리 자신도 매번 상처 입는다.
 마음에 상처를 받는다는 것은 많은 사람들이 보고 있는 가운데 느닷없이 따귀를 맞는 것이나 다름없다. 신체적 아픔보다는 모욕감과 수치심에 자존감이 무너져 내리고 자신이 잘못한 것도 아닌데 고개를 들지 못한다. 그때 상처받은 사람들은 대개 두 가지 반응을 보인다. 판단력과 자제력을 잃고 원인 제공자를 향해 분노하거나, 모든 화살을 자기 자신에게 돌리고 스스로를 깎아내리며 괴로워하거나. 그러나 분노든 자책이든 항상 더 많이 다치는 쪽은 우리 자신이다.

　사람과 사람 사이에서 일어나는 마음의 상처는 대부분 '마음 상함'에서 비롯된다. 마음 상함이란 어떤 말이나 행동 때문에 자존감에 상처를 받았다고 느끼는 것을 말한다. 즉, 자존감이 균형을 잃고 열등감으로 기우는 순간 사람들은 '마음이 상한다'라는 감정을 느끼게 된다.
　마음을 상하게 하는 사건들은 일상생활에서 수도 없이 일어난다. 나보다 한참 늦게 온 손님의 음식이 먼저 서비스 될 때 같은 사소한 일부터, 퇴근 후 저녁 모임이 있다는 얘기를 들었는데 아무도 오라고 하지 않을 때, 용기 내서 데이트 신청을 했는데 단칼에 거절당했을 때, 상사가 제대로 들어보지도 않고 부정적으로 대꾸할 때, 누군가 앞에서 새치기를 하는 바람에 표가 매진됐을 때 등등 의견이 상충하고, 따돌림 당하고, 개인적 욕구가 충족되지 못하는 모든 상황들 속에 상처는 숨어 있다.

상처를 일으키는 관계를 피할 수 있다면 얼마나 좋을까. 하지만 상처를 주고받는 관계가 따로 정해져 있는 것은 아니다. 애인, 부부, 친구, 직장동료처럼 교류가 많은 관계뿐만 아니라 생전 처음 보는 타인이나 한 번도 보지 못한 사람에게도 우리는 얼마든지 상처를 받을 수 있고, 줄 수도 있다.

내 친구는 한 정치인을 거의 혐오에 가깝게 싫어하는데 그 이유는 그가 어느 인터뷰에서 여자배우를 성적으로 비하하는 발언을 했기 때문이다. 그녀는 배우도 아니고 영화나 방송 쪽 일을 하지도 않는다. 물론 여성 인권 운동가도 아니다. 하지만 그 방송을 보는 순간 여성으로서 모욕감을 느꼈고 그 정치인의 사과가 진실되게 느껴지지 않아 여전히 그를 보면 불쾌하다고 했다. 그의 발언은 그녀에게 상처를 주었다. 그 정치인과 그녀는 한 번도 만난 적이 없는데 말이다.

자기 자신을 향해 화살을 쏘지 마라

불교에는 '두 번째 화살에 맞지 말라'는 말이 있다. 다른 사람이 준 상처에 죄책감과 분노를 얹어 더 큰 상처를 받지 말라는 뜻이다. 첫 번째 화살을 피할 수 있는 사람은 없다. 다른 사람이 어떤 말을 하고 어떤 행동을 할지 누가 예측할 수 있겠는가. 그러나 자신을 깎아내리고 엉뚱한 사람에게 분풀이를 하며 또 다른 상처를 만드는 것은 마음 먹기에 따라 얼마든지 피할 수 있다.

이것은 '또 다른 나'에게 보내는 조언이기도 하다. '또 다른 나'는 우리의 마음 깊은 곳에 살고 있는 상처받은 어린아이다. 이 아이는 생애 첫 2년 동안 부모로부터 진심어린 사랑과 따뜻한 스킨십을 받지 못했거나, 중요한 사람을 잃었거나, 믿었던 사람에게 배신당한 경험 때문에 마음의 문을 닫고 세상 밖으로 나오길 꺼리는 그림자 같은 존재다. 세상과 사람에 대한 기본적인 신뢰감을 쌓지 못한 채 성장하여 조금만 기분이 상해도 쉽게 상처받고 자존심이 깎였다고 생각한다.

평상시에는 당당하고 자신감 있는 모습 뒤에 숨어 얼굴을 드러내지 않지만 과거의 상처를 떠올리게 하는 일과 맞닥뜨리면 용수철처럼 튀어 나와 신경을 곤두세우고 방어 태세를 갖춘다. '네가 상처를 준다면 나도 똑같이 복수해 줄 것이다'라는 경계의 메시지를 보내면서. '또 다른 나'는 누군가 감히 상처를 주는 방식으로 자신을 다루려 한다는 것에 격분한다. 이

때 적당한 분노 조절이란 있을 수 없다. 마음의 상처를 가진 사람들이 같은 상처를 두 번 받았을 때 느끼는 모욕감과 아픔은 평상시 그의 모습을 상상할 수 없을 만큼 격렬하다.

그러나 내가 상처받은 만큼 상대를 아프게 한다고 해서 고통이 사라지는 것은 아니다. '눈에는 눈, 이에는 이' 식의 공격으로는 자신의 가치가 땅에 떨어진 것 같은 모멸감과 굴욕감에서 벗어날 수도 없고 속수무책의 곤혹스런 상황을 바꿀 수도 없다.

우리에게 모욕감이나 열등감을 안겨 주었던 사람을 한번 떠올려 보자. 창피함과 수치심 때문에 그 사람을 '태어날 때부터 나쁜 놈'으로 만들고 모든 책임과 잘못을 떠넘기며 발악하듯 욕한다. 자신이 누군가로부터 모욕을 당했다는 사실을 인정하는 게 너무 괴롭기 때문에, 그를 경멸하고 깔아뭉갬으로써 있는 힘껏 상처를 거부하려고 하는 것이다.

그런데 그렇게 되면 상처만 거부하는 게 아니다. 그 사람과 다시 평화롭게 지낼 수 있는 기회도 걷어차 버리게 된다. 일단 상대를 미워하기 시작하면 그가 옳은 말을 해도 반대 의견을 내고 싶어 입이 근질거리고 그가 선한 행동을 하면 가식적이라고 깎아내린다. 또 누군가 그 사람을 칭찬하면 이유 없이 화가 나고 그가 하는 일이 잘 풀리면 그를 이기고 말겠다는 욕망과 질투에 마음이 들끓는다. 다시 말해 그 사람이 정말 견딜 수 없을 정도로 미워지는 것이다. 그러나 그러면 그럴수록 더 큰 상처를 입게 되는 사람은 그 사람이 아니라 우리 자신이다.

때로 받은 상처가 너무 클 때는 '또 다른 나'가 아무런 저항도 하지 않고 숨어 버리는 경우도 있다. 어린 시절 감당할 수 없는 충격적인 상황에서 상처를 들여다볼 엄두도 내지 못하고 두려움과 절망의 늪에 빠져 버렸던 사람은 비슷한 상처 앞에서 똑같이 움츠러든다. 그들은 쉽게 우울증에 걸리고 자신은 능력 없고 사랑받을 수 없는 존재라며 스스로를 비하한다. 그래서 세상이 정해 주는 기준에 무조건 순응하거나 세상과의 연결고리를 아예 끊어 버리는 극단적인 선택을 하기도 하고, 상처를 주는 사람의 비위를 맞추려고 하는 어리석은 행동을 할 때도 있다. 그러나 상처가 두려워 아무런 저항도 하지 않고 뒤로 물러나거나, 스스로를 열등하다고 깎아내리는 것은 자신을 비참하게 만들 뿐이다. 골방에 처박혀 자기 연민에 빠지는 것 말고 아무 일도 하지 않는다면 변화시킬 수 있는 것은 아무것도 없다.

상처투성이 세상에서 스스로 빛이 된 아이

프랑스 소설가 르 클레지오의 『황금 물고기』에는 예닐곱 살에 인신매매를 당한 아프리카 소녀 라일라가 나온다. 유괴당할 때 한쪽 청력을 잃은 라일라는 아스마라는 노파의 집에서 잔심부름을 하게 된다. 아스마는 라일라를 사랑했지만 아스마의 아들은 호시탐탐 라일라를 덮치려 했고 며느리는 끊임없이 그녀를 괴롭히고 학대했다. 결국 라일라는 아스마가 죽은 뒤 그 집을 탈출해 자신의 삶을 찾아 나선다. 하지만 길 위에서의 삶은 녹록하지 않았다. 사람들은 친절한 미소를 지으며 다가와 라일라를 소유하고 지배하려 했다. 폭력과 억압의 공포는 어딜 가도 사라지지 않았고 더 나은 곳을 찾아 프랑스, 미국을 떠돌 때는 불법체류자로 쫓겨야 했다. '밤'이라는 뜻의 이름처럼 그녀의 인생은 앞이 보이지 않는 깜깜한 어둠뿐이었고, 그녀는 수많은 올가미와 그물 사이를 뚫고 바다로 나가야 하는 작은 물고기처럼 연약하기만 했다. 하지만 라일라는 포기하지 않았다. 현실을 바꿀 수도, 완전히 극복할 수도 없었지만 두려움에 무릎 꿇는 대신 스스로 빛을 찾아 떠났다. 그녀가 바라던 대로 "급류를 거슬러 올라가는 물고기처럼 다른 사람들, 다른 사물들 사이를 누비며 살아가는" 여정을 선택한 것이다. 그렇게 그녀는 순전히 자신의 의지와 노력으로 어머니의 땅 아프리카로 돌아간다.

신은 인간이 견딜 수 있을 만큼의 시련만 준다고 하지만, 그 말을 믿기 어려울 정도로 고통스러운 일이 계속될 때가 있다. 더 이상 상처를 견딜 수도, 새로운 희망을 찾을 수도 없는 것 같을 때 사람들은 절망한다. 입을 닫고, 눈과 귀를 닫고, 감정이 말라 죽을 때까지 마음의 문을 걸어 잠근다. 자신에게 상처를 주는 사람들에게 인생을 몽땅 내주고 자포자기해 버리는 것이다. 그러나 가야 할 길이 뚜렷하게 보이지 않는 어둠 속에서도 한 발 한 발 조금씩 앞으로 나아가야 햇살이 비추는 곳을 만날 수 있는 법이다. 비록 가시덤불 같은 세상이었지만 라일라가 아스마의 집에서 탈출하고 프랑스로, 미국으로, 아프리카로 향하는 여정을 절대 멈추지 않았던 것처럼 말이다.

마음의 문을 여는 손잡이는 안쪽에만 달려 있다

인간관계에서 갈등이 일어나는 이유는 오랫동안 서로에게 받은 상처를 그냥 덮어두었기 때문이다. 상담실을 찾는 부부들 중에는 별거나 이혼을 결심한 사람들이 많다. 그들의 이야

우리 삶에 놓인 가시덤불을 깨끗이 걷어 낼 방법은 없다.
한 가지 희망은 그 모든 나쁜 경우에도 선택의 여지가 있다는 것이다.

기를 들어 보면 상대방에게 받은 상처를 끌어안고 몇 십 년을 '그냥 참고' 살아왔다는 것을 느낄 수 있다. 근본적인 상처는 마음에 쌓아둔 채, 고작 약속 시간을 어긴 것으로 시비를 거는 것이다. 사회생활에 어려움을 겪는 사람이나 우울증에 걸린 사람들도 마찬가지다. 근본적인 상처는 겉으로는 드러나지 않는다.

안젤리나는 3년을 만난 남자친구가 한 번도 정식으로 프러포즈를 한 적이 없다는 것 때문에 괴로워했다. 예전만큼 자신을 사랑하지 않는 것 같다는 거였다. 남자친구에게 프러포즈 얘기를 꺼내 보라고 했지만 자존심 때문에 도저히 입이 떨어지지 않는다고 했다. 그녀는 공연히 남자친구의 재미없는 농담과 식상한 데이트 코스를 트집 잡으며 화를 냈다. 남자친구 입장에서는 그녀가 별것 아닌 일로 화를 내는 것 같아 오히려 서운했다. 나중에 알고 보니 남자친구 역시 부모님에게 교제 사실을 알리지 않는 그녀 때문에 마음이 상해 있었다. 그는 그런 그녀의 행동을 '인생을 함께할 만큼 널 믿지 못하겠다'는 것과 다름없다고 여겼다. 그래서 그녀와 더 가까워지는 것이 조심스러웠다. 얼마 후 안젤리나는 남자친구가 회사에서 어려움을 겪고 있을 때, 화가 났다는 것을 표현하기 위해 예정대로

휴가를 떠났다. 그러자 남자친구는 그녀가 자신과 미래를 생각하지 않는 게 분명하다고 확신하고 연락을 끊어 버렸다.

만약 그가 왜 부모님에게 교제 사실을 말하지 않는 거냐고 물었다면 어땠을까. 그녀 역시 프러포즈를 하지 않는 이유를 그에게 물었다면, 적어도 서로를 오해한 채 헤어지는 일은 없었을 것이다.

마음속에 담고 있는 상처는 서로에게 거는 기대가 큰 친밀한 관계일수록 더욱 치명적일 수 있다. 기대가 큰 만큼 실망도 크기 때문이다. 특히 사랑하는 사람들은 상대가 자신의 상한 마음을 알아서 보살펴 주기를 바란다. 하지만 말하지 않는 상처를 치료해 줄 수 있는 사람은 없다. 어떤 명의도 얼굴만 보고 병을 알아맞힐 수는 없는 것이다.

대부분의 사람들은 자신이 타인과 화목하게 지내지 못해서 불행해졌다고 생각한다. 하지만 진실은 타인이 아닌 자기 자신과 화해하지 못했기 때문에 다른 사람과도 불화를 일으키게 되는 것이다.

마음의 상처는 타인의 접근을 허락하지 않는다. 그 앞에는 엄청나게 큰 맹수가 버티고 앉아서 누군가 상처를 건드리려고 하면, 더 이상 가까이 오면 살점을 물어뜯을 거라며 으르렁댄다. 결국 그 경계 앞에서 사람들은 다투고 오해를 키우며 멀어진다.

철학자 헤겔의 말처럼 마음의 문을 여는 손잡이는 안쪽에만 달려 있다. 내가 먼저 열지 않으면 밖에 있는 사람은 내 마음의 귀퉁이조차 보지 못한다. 그러므로 더 이상 실망하고 상처받고 싶지 않다면 꽁꽁 닫아 둔 마음의 문을 열고 말해야 한다. 지금 내 마음이 아프다고, 있는 그대로만 이야기하면 되는 것이다.

너는
나에게
상처를
줄 수 없다

> 세상은 고통으로 가득하지만
> 그것을 이겨 내는 일로도 가득 차 있다.
> _헬렌 켈러

독일 일간지 《쥐트도이체 차이퉁》에 미국 영화배우 모건 프리먼의 인터뷰 기사가 실렸다. 어떤 주제였는지는 기억나지 않지만 기자의 첫 질문은 상당히 도발적이었다.

기자 : 내가 당신에게 '니그로'(흑인을 비하하는 말)라고 하면 무슨 일이 일어납니까?
프리먼 : 아무 일도 일어나지 않아요.

기자 : 왜 아무 일도 일어나지 않죠?

프리먼 : 만약 내가 당신에게 '바보 독일 암소'라고 말하면 무슨 일이 일어납니까?

기자 : 아무 일도 일어나지 않아요.

프리먼 : 왜 아무 일도 일어나지 않죠?

기자 : 난 관심이 없으니까요.

프리먼 : 나도 똑같습니다.

기자 : 그건 일종의 눈속임 아닌가요?

프리먼 : 당신이 나를 '니그로'라고 부르면 문제는 당신에게 있지 나한테 있는 것이 아닙니다. 왜냐하면 당신은 잘못된 단어를 사용하고 있으니까요. 나는 관심을 끊어 버림으로써 문제를 갖고 있는 당신을 혼자 내버려 둘 겁니다. 물론 행동으로 나를 공격한다면 얘기는 달라지겠죠. 그러면 단언컨대 나 자신을 방어할 겁니다.

독이 든 사과를 삼키지 마라

상처에 대한 강연을 할 때마다 사람들은 말한다. "전 정말 상처받고 싶지 않아요. 누구에게도." 우리 모두가 그렇다. 다른 사람에게 존중받고 세심한 배려를 받으며 서로의 마음에 좋은 사람으로 기억되길 바란다. 상처 따위는 없이 말이다. 하지만 안타깝게도 모든 관계에서 그렇게 될 수 있는 방법은 없다. 피곤해하는 연인을 위해 이번 주말에는 만나지 말고 집에서 쉬라고 얘기했다. 그런데 연인은 고마워하기는커녕 데이트가 지겨워졌나 보네, 하며 서운해한다. 당신은 연인의 그런 생각을 예측할 수 있었을까? 또 다른 상황을 생각해 보자. 당신은 친구들이 별명을 부를 때마다 기분이 나쁘다. 그런데 소개팅을 하는 장소에서 우연히 만난 친구가 당신을 발견하고 소리친다. "얼큰이!" 당신이 주의한다고 해서 그 입을 막을 수 있었을까?

아무리 이렇게 저렇게 애를 써도 우리 인생에서 상처를 일으키는 사건을 완벽하게 차단할 수 있는 방법은 없다. 그러나 한 가지 위로가 되는 것은 우리에게 선택권이 있다는 사실이다. 상처를 일으키는 사건을 나와 관련된 문제로 받아들이고 마음이 상할 것인지, 거부할 것인지를 선택할 권리는 전적으로 나에게 있다는 말이다.

얼마 전 인터넷에서 재미있는 글을 읽었다. 인도를 여행하던 백인 남성이 식당에 밥을 먹으러 갔다. 얼마 지나지 않아 한

무리의 청년들이 들어오더니 식당 주인에게 말했다.

"저쪽에 앉아 있는 흰 오랑우탄은 대체 뭘 먹으러 왔답니까?"

주인은 조금 당황한 듯 백인 남성을 바라보았다. 키는 30센티미터 이상 더 클 것 같았고 어깨 근육은 자신의 허벅지보다 굵어 보였다. 그런데 그 육중한 손님은 아무 것도 모르겠다는 표정으로 창밖만 바라보고 있을 뿐이었다. 식당 주인은 조금 안심한 듯 청년들을 향해 말했다.

"글쎄, 오랑우탄이 먹을 만한 건 여기 없는데 말야. 돈이나 배로 받는 거지 뭐."

청년들은 백인 남성이 음식 먹는 모습을 보며 한참을 자기들끼리 키득거리다 식당을 나갔다. 마침내 식사를 끝낸 남자가 계산대 앞으로 가자, 주인은 친절하게 웃으며 음식 값의 두 배를 불렀다. 백인 남성은 이번에도 무표정한 얼굴로 주머니에서 돈을 꺼내 계산대 위에 올려놓았다. 그런데 남자가 낸 돈은 실제 음식 값의 10퍼센트밖에 되지 않았다. 식당 주인은 화를 내며 돈을 더 내라고 소리쳤다. 그러자 백인 남성은 현관으로 걸음을 옮기며 이렇게 말했다.

"오랑우탄이 무슨 돈이 있겠소? 그건 팁입니다."

그 백인 남성이 식당 주인과 청년들의 말을 다 알아들었으면서도 곧장 주먹을 날리지 않은 데는 여러 가지 이유가 있을 것이다. 그러나 이유야 어찌 됐듯 물리적으로 공격하지 않은 것은 잘한 일이었다. 결과적으로 그는 더 통쾌한 복수를 했다. 흰 오랑우탄이든 뭐든 자신은 그런 놀림에 휘둘리지 않는다는 것을 보여 주었고, 자신을 조롱하던 그들을 오랑우탄보다 못한 바보로 만들어 버린 것이다.

앞에서 말한 것처럼 누가, 그리고 어떤 일이 우리에게 상처를 주는가는 상처받는 사람에 의해 결정된다. 상처받았다는 것은 '누군가 나에게 상처를 주는 행위를 했다'가 아니라, 그 행위 때문에 '나의 가치가 땅에 떨어진 것 같은 감정을 느꼈다'가 원인이기 때문이다. 다시 말해, 누가 봐도 상처 주는 말이지만 나는 상처를 받지 않을 수 있다. 모건 프리먼처럼 말이다.

상처를 되돌려 주는 법

모건 프리먼은 자신을 폄하하는 말로 생각할 수도 있는 단어를 그저 '평범한 단어'로 바라보았다. 그리고 그 단어를 기자에게 돌려주고, 그런 말 따위에 자존감이 흔들리지 않는다는 사실을 분명히 보여 주었다. 만약 자신의 피부색이나 국적으로 인해 오랫동안 상처를 받았고 그 상처를 극복하지 못한 사람이었다면 그 질문이 날아온 즉시 불쾌감을 표시하며 인터뷰를 거부해 버렸을 것이다. 그에게는 그 단어가 너무 크고 뜨거운 돌덩이라서 머리에 들어온 순간 도저히 침착할 수가 없기 때문이다. 하지만 그런 행동은 나의 열등감을 드러내는 결과밖에는 되지 않는다.

  우리는 얼마든지 상대가 쏘는 모욕적인 화살을 고통 없이 뽑아 낼 수 있다. 내가 맞은 화살을 들여다보고 그것이 나의 잘못 때문에 일어난 일인지 아닌지만 생각해 보면 된다. 만약 그것이 인종이나 국적, 성별처럼 나의 잘못으로 일어난 일이 아니라면 얼마든지 화살을 상대에게 돌려줄 수 있다. 만약 내가 강의를 하고 있는데 어떤 사람이 핸드폰만 보고 있다면 나는 분명 마음이 상할 것이다. 강의가 마음에 들지 않는 건가, 내가 무슨 잘못을 했나 하는 생각에 자존심이 상할 수도 있고, 나도 모르게 그의 행동에 신경을 쓰며 집중시키기 위해 강의 시간을 허비할 수도 있다. 그러나 내가 그렇게 대처하는 것은 한 사람의 마음을 사로잡기 위해 다른 수십 명의 사람들이 내 강의에 걸고 있는 기대를 저버리는 일이다. 한순간 당황하고 의기소침해질 수는 있겠지만 '딴짓'을 반드시 나에 대한 불만 표시로 해석할 필요는 없다. 그 일을 그 사람의 '무례한 행동'으로 바라볼 수도 있고 정말 급하고 중요한 업무가 있다고 생각하고 마음이 상하는 것을 막을 수도 있다.

  우리는 어떤 상처를 받을 때 속수무책으로 당하는 것이 아니다. 개인적 경험에 비추어 그 사건과 다른 사람들의 반응이 폄훼에 해당하는 수준인지 적극적으로 검토하고, 그 사건이 자신의 가치를 폄하한 것이 맞다고 판단됐을 때 상처를 받는다. 다시 말해 기분 나쁜 일을 당했을 때 그것이 마음의 상처로 남느냐 아니냐는 상대의 말과 행동을 어떻게 받아들이느냐에 달려 있다. 마음을 상하게 하는 상황에서 처음 우리가 느끼는 것은 '상처'가 아니라 '상처를 받은 것 같은 느낌'이기 때문이다. 우리는 얼마든지 '그 느낌'을 상처로 남길 수도 있고 상대의 문제로 되돌려 줄 수도 있다.

나를 사랑하라,
그러면 인생도
당신을
사랑하리라

강한 자존감은 당신이 전쟁에서 포로가 됐을 때
비굴해지지 않도록 해 줄 것이고,
세상에 맞서 싸울 때 당신의 행동이 옳다는 확신을 가져다 줄 것이다.
_버트런드 러셀

우리가 마음의 상처를 두려워하는 이유는 그것이 우리의 자존감을 공격하고 약화시키기 때문이다. 우리의 몸에 작은 생채기 하나 남길 뿐이라면 뭐가 무섭겠는가. 얼마 지나지 않아 딱지가 앉고 나을 것을 아는데. 하지만 자존감을 건드리는 마음의 상처는 그렇지 않다. 상처는 자존감을 약화시키고, 회의에 빠지게 하고, 정체성 혼란과 불안을 느끼게 한다. 그래서 잠깐만 방치해도 엄청나게 덧나고 치료한 다음에도 진한 흉터를 남긴다.

자존감이란 자신이 사랑받을 가치가 있는 소중한 존재이고 열심히 노력하면 꿈을 이룰 수 있는 잠재력이 있는 사람이라고 믿는 마음이다. 1등이 아니어도, 빼어난 외모를 갖추지 못했어도 있는 그대로의 자신을 사랑하고 긍정할 수 있다면 건강한 자존감을 가졌다고 말할 수 있다.

도스토예프스키는 『카라마조프 가의 형제들』에서 즐거운 추억이 많은 아이는 삶이 끝나는 날까지 안전할 것이라고 말했다. 그 말을 뒷받침하기라도 하듯 심리학자들은 세 살에서 여섯 살 사이가 자존감 형성에 가장 중요한 시기라고 입을 모은다. 사실 이 시기는 자존감뿐만 아니라 신체, 성격, 지능이 모두 눈부시게 발달하는 시기다. 이때 부모로부터 충분한 사랑을 받고 안정적인 애착관계를 유지한 아이는 몸과 마음이 튼튼하고 자신감 있고 긍정적인 사람으로 성장할 가능성이 높다. 그러나 충분한 사랑을 받지 못했거나 방치당한 아이는 우울하고 자기 자신에게 만족할 줄 모르는 사람이 되기 쉽다.

상처받은 사람들을 치료하면서 나는 심리학자들의 이런 관점을 더욱 생생하게 체험할 수 있었다. 상처가 깊은 사람들일

수록 자존감이 낮은 경우가 많았는데 그들은 대부분 어린 시절 부모와의 애착관계에 문제가 있었다. 자신의 생명줄과도 같은 엄마와 장기간 떨어져 지냈거나, 지나치게 엄격한 가정환경 때문에 어리광 한번 제대로 부려 보지 못한 사람, 공주님 왕자님으로 떠받들어지며 과보호 속에서 성장한 사람들이 그런 경향을 보였다. 평범한 어린 시절을 보냈다 해도 성장하는 과정에서 자신이 정말 보잘것없는 존재로 추락하는 경험을 한 사람들 역시 자존감이 매우 낮았다.

　성장하면서 사랑과 인정을 받지 못한 사람들은 특별히 나쁜 일이 있는 것도 아닌데 우울해하고 특별히 못생긴 것도 아닌데 자신의 외모에 만족하지 못한다. 다른 사람의 칭찬은 인사치레라고 의심하고 비난은 모조리 흡수하며 스스로를 깎아내리기도 한다. 그들은 자신의 진가를 전혀 모를 뿐만 아니라 알리려고도 하지 않는다. 그저 현재의 나와는 다른 나, 완벽하고 이상적인 '거짓 자아'를 만들어 그 뒤에 숨어 버린다.

거짓 자아 뒤에 숨은 상처받은 아이
　'거짓 자아'는 상처받은 사람들에게 일종의 방공호와 같은 역할을 한다. 누가 봐도 멋지고 실수 한 번 하지 않는 완벽한 사람이 되면 그 누구에게도 버림받지 않고 무시당하지 않을 거라고 생각하는 것이다. 그래서 좋은 물건과 옷으로 몸을 치장해서 자신을 화려하게 부풀리기도 하고 능력을 과시하기 위해 도저히 혼자 할 수 없을 것 같은 일들을 떠맡으며 희생하기도 한다. 그러나 완벽해 보이는 거짓 자아는 우리에게 가장 소중하고 중요한 것, 자존감을 갉아먹는다.

심리치료사 오크랜더는 자존감이 낮다는 것을 "자기 자신을 잃어버린 것과 같은 상태"라고 말했다. 자신의 진짜 모습을 거부하고 끝없이 다른 사람으로 보이기를 갈구하는 것이다. 실제로 상처받은 사람들은 자신의 감정과 행동에 자신감을 갖지 못한다. 감정을 솔직하게 표현하면 사람들이 자기를 떠나거나 무시할 거라고 생각하기 때문에 자기가 원하는 대로 행동하지 못하고 남들이 좋아할 만한 행동을 하려고 한다. 그들은 사랑받고 싶은 간절한 마음을 조직에서 어떻게든 인정받으려는 욕구, 누구나 부러워할 만한 이상적인 배우자를 만나고 말겠다는 욕심으로 표현한다.

한 여성 내담자는 겉으로는 뭐든지 잘할 수 있는 척, 마음 상하는 일이 있어도 담담한 척, 힘들어도 삶에 만족하는 척하는 자신에게 지쳤다고 말했다.

"어느 날 거울 속에 비친 내 모습을 보니 사람들 눈 밖에 날까 봐 잔뜩 긴장한 채 벌벌 떨고 있더군요. 모든 일에 자신 있는 척하지만 사실 난 매 순간 제대로 완성할 수 없을 거라는 불안 속에 살고 있어요. 사람들은 성공한 나에게는 관심을 두지만 실패한다면 떠나가겠죠. 그렇게 남들에게 버림받을까 봐, 아무 의미도 없는 존재가 돼버릴까 봐 두려워요. 아니 제대로 할 줄 아는 게 하나도 없는 진짜 모습을 보여 주게 될까 봐 겁이 나요."

사람은 누구나 지금보다 더 나은 사람이 되고 싶어 하고, 더 나은 인생을 살고 싶어 한다. 그리고 다른 사람들이 관심을 가져 주길, 칭찬해 주길 기대한다. 그런데 자존감이 약한 사람들은 그런 기대가 실현되지 않으면 자신은 존재 가치가 없는 것이라는 극단적인 생각의 함정에 빠진다. 그래서 거짓 자아를 만들어 열등감을 억누르고 잊으려고 하는 것이다. 그러나 머릿속에서 지운다고 해서 열등감이 사라지는 것은 아니다. 단점이 사라지는 것도 아니고, 없던 재능이 생기는 것도 아니다. 결국 열등감과 자신이 만든 거짓 자아 사이의 괴리감만 키워 더 상처받고, 쉽게 실망하고, 자기를 비하하는 사람이 되고 만다.

힘들어도 괜찮은 척, 뭐든지 잘하는 척하는 모습 뒤에는 상처받은 아이가 숨어 있다.
사랑받고, 칭찬받고 싶어 하는 외로운 어린아이가.

그런가 하면 열등감이 너무 심해 거짓 자아조차 만들지 못하고 스스로를 보잘것없는 존재라고 단정해 버리는 사람들도 있다. 그들은 너무나 급작스럽게 감정이 상하고 아주 작은 동기만 생겨도 자기만의 동굴 속으로 들어가 버려 얼마 동안은 말을 붙일 수도 없다. 작은 일에 흥분하고 자신보다 능력이 뛰어나거나 사랑받는 사람을 질투하며 스스로를 고통 속에 빠뜨린다.

나의 내담자 중 한 명인 레기나는 어느 날 갑자기 전화를 걸어와 치료를 끝내고 싶다고 말했다. 나는 그녀에게 그만둘 때 그만두더라도 한 번 더 만나 그 이유를 들려달라고 했다. 그녀가 마음이 상했던 이유는 지난번 상담을 받고 난 후에 우연히 다른 내담자와 마주쳤는데, 한눈에 봐도 그녀가 기품 있고 아름답고 부유해 보였기 때문이었다. 레기나는 내가 그 사람을 자신보다 더 신경 써서 진료할 거라고 생각했고 자신은 이제 다른 치료사를 찾아야겠다고 결심했다고 했다. 다행히 그녀가 거북했던 마음을 솔직하게 이야기해 준 덕분에 우리는 다시 만나 오해를 풀 수 있었다.

오래된 상처가 쌓이고 쌓여 자존감이 약화된 사람들은 직접적인 말이나 행동이 아닌 '그럴 것이다'라는 추측만으로도 상처를 입는다. 상대의 말투가 조금만 무뚝뚝해져도, 혹은 눈썹을 치켜 올리거나 입술을 살짝만 내밀어도 "저 사람이 날 무시했어"라고 생각하고 상처를 받는 것이다. 마치 스타트라인에 선 달리기 주자처럼 상처 입을 준비를 하고 기다리는 것 같다. 상대방의 아주 단순한 몸짓에도 의미를 부여하고 의기소침해진다. 정작 상대방은 무슨 일이 일어난 건지도 모르는데 말이다. 그래서 자존감이 약한 사람들과 함께 있으면 언제, 어떤 일이 그 사람의 심기를 건드릴지 몰라 잔뜩 신경을 곤두세우고 눈치를 살피게 된다.

마음이 상하는 일을 피할 수 있는 사람은 세상에 없다. 다만 그것을 덜 상처받는 쪽으로 받아들이는 안정된 자존감을 가진 사람이 있을 뿐이다. 그들은 완벽한 사람도, 한 번도 상처받을 일이 없었던 사람도 아니다. 상처를 받았으나 한 번도 받지 않은 것처럼, 자신의 진짜 모습을 숨기지 않고 당당하게 살아가는 사람이다.

그렇게 되기 위해서는 '있는 그대로의 나'와 '열등감을 느끼는 나', '완벽해지고 싶은 나'가 모두 내 마음 안에 살아 있어야 한다. 가만히 있어도 반짝반짝 빛나는 사랑스러운 존재가 되고 싶지만 그렇게 되기 어렵다는 것을 알고, 그럼에도 불구하고 꿋꿋하게 노력하는 지금의 나를 스스로 인정해 주어야 한다.

당신은 세상 그 누구보다 소중하다

자존감이 있다는 것은 모두가 반대하고 응원받지 못하는 상황에서도 자신이 하고 싶은 것을 마음껏 표현하는 것이다. 잘 보이기 위해 억지로 미소를 짓고 듣기 좋은 영혼 없는 말들을 쏟아내지 않고 느끼는 그대로, 생긴 그대로 살아가는 것을 두려워하지 않는 것이다.

다른 사람과의 '차이'는 나의 '부족함'이 아니다. 그것은 개성이 될 수도 있고 어떤 관점에서는 강점이 될 수도 있는 나만의 특별함이다. 그러니 남들과 똑같아지기 위해 애쓰지 마라. 어떤 일을 "잘했다", "못했다"라는 평가에 매달리지 말고 자신의 소질과 장점을 발견할 수 있는 즐겁고 기쁜 체험들을 늘려가라. 그런 체험들이 당신에게 필요한 것이 무엇이고, 당신이 원하는 것이 무엇인지 알게 해 줄 것이다. 그리고 그 깨달음이 있는 그대로의 당신과 만나게 해 줄 것이다.

더 나은 나, 더 나은 사람은 다른 멋진 누군가가 되려고 노력해야 얻을 수 있는 게 아니다. 오직 있는 그대로의 자기 자신을 찾으려고 노력할 때 가능한 일이다. 밝은 표정, 긍정적인 마음, 실수해도 툭툭 털고 일어날 수 있는 힘, 새로운 것에 주저하지 않고 뛰어드는 모험심, 낯선 사람에게 먼저 다가가 인사를 건네는 자신감은, 나는 충분히 소중한 존재라는 당당한 자존감이 있는 사람에게 주어지는 것이다. 우리가 진정으로 되고 싶은 사람도 그런 사람이 아니던가.

인정받지 못한 아이가
어른이 됐을 때

> 사람들은 행복이란 게 저 멀리 있는 것이라고 생각해.
> 어떤 복잡하고 얻기 힘든 걸로. 하지만 비가 내릴 때 피할 수 있는 곳.
> 외로울 때 읽을 책 한 권. 자기가 사랑하는 사람과 함께 있을 수 있다는 것.
> 그런 것들이 행복을 만들어 주는 거야.
> _베티 스미스, 『나를 있게 한 모든 것들』

우리는 사랑받고 존중받고 인정받기를 원한다. 우리 자신이 다른 사람에게 의미 있는 사람이길, 그들의 삶 속에서 뭔가 중요한 역할을 하는 사람이길 바란다. 그 욕구가 충족되지 않을 때 사람들은 상처를 받는다.

자기 가치를 인정받고, 존중받고, 사랑받고 싶어 하는 '자기애적(Narcissism) 욕구'는 인간의 기본적인 욕구 가운데 하나다. 부모에게 인정받고 싶어 하는 마음이나 직장에서 최고가 되고 싶어 하는 마음은 자연스러운 본능이며, 우리를 자극하고 목표를 세워 노력하게 한다. 이렇게 건강한 자기애는 자신이 진정 원하는 것이 무엇인지를 분명하게 인식하게 하고 우리가 원하는 인생을 꾸려가게 하는 원동력이 된다.

아이 입장에서는 사랑과 인정을 받고 싶은 대상이 바로 부모다. 아이는 부모의 사랑을 먹고 자란다. 그런데 이 사랑에 조건이 붙을 때 아이는 자존감을 쌓는 대신 부모의 기대에 순응하는 법을 배우게 된다. 좋은 성적을 받았을 때, 말을 잘 들었을 때만 칭찬해 주는 부모 밑에서 자란 아이는 '부모의 마음에 들지 않는 행동을 하면 안 된다'라는 두려움 때문에 자신의 개성과 본성을 들여다볼 기회를 갖지 못한다.

그리고 부모로부터 충분한 사랑을 받지 못하거나 방치당한 경험이 있는 아이는 세상과 타인을 불신하며 자신감을 잃고 움츠러들 수밖에 없다. 혼자서는 아무것도 할 수 없는 아이에게 부모와 애착관계를 제대로 맺지 못한다는 건 목숨을 위협하는 엄청난 위험이다. 그것은 단순한 관계 맺기의 실패가 아닌 '죽을 뻔한 경험'이 된다. 그런 감당할 수 없는 충격적인 상황에서 상처를 치유하지도 못하고 두려움과 절망의 늪에 빠진 아이는 '버림받지 않으려면 더 필사적으로 노력해야 한다'는 강박관

념을 갖고 자신의 진정한 모습을 잃어버린다. 엄마 아빠가 좋아할 것 같은 감정만 표현하고 나머지 감정은 모두 묻어버리는 것이다. 그러나 아무리 아이가 최선을 다해도 부모의 기대에 완벽하게 부응할 수는 없다. 우리는 자기 자신의 마음도 온전히 알지 못하는 불완전한 존재들이다. 그런데 어떻게 다른 사람의 높은 기대를 채워 줄 수 있겠는가. 결국 아이는 자신을 실망만 일으키는 존재라는 부정적인 시각으로 바라보게 된다. 어떤 삶을 살든 사랑받아 마땅한 존재라는 경험을 하지 못하는 것이다. 이렇게 불안정한 자존감을 갖게 된 아이는 다른 사람의 인정을 받는 데 매달릴 수밖에 없다.

이 세상에서 내가 제일 예쁘지?

인정과 자기애에 관해 이야기할 때 빼놓지 않고 예로 드는 것이 바로 동화 「백설공주」다. 백설공주의 계모는 항상 거울을 보며 묻는다. "거울아, 거울아, 이 세상에서 누가 제일 예쁘니?" 그녀는 자신이 세상에서 가장 아름다운 여자라는 우월감을 가지고 있지만 틈날 때마다 그 가치를 재확인하지 않으면 못 견디는 사람이다. 아름다움이 권력이라도 되는 듯, 늘 자신보다 더 매력적인 사람이 나타나 왕좌를 빼앗길까 봐 전전긍긍한다.

백설공주의 계모처럼 자존감이 약하고 자기애에 빠진 사람들은 다른 사람의 칭찬과 인정에 전적으로 매달린다. 그들은 사랑받지 못하는 것은 미움받는 것, 인정받지 못하는 것은 쓸모없어지는 것이라는 극단적인 생각을 가지고 있다. 그래서 남들이 좋아할 거라고 생각하는 모습을 그려 놓고 그 모습에 가까워지기 위해 죽을힘을 다한다. 이런 헛된 노력들은 성형 중독, 다이어트 중독, 일중독에 빠져도 심각성을 자각하지 못하게 한다. 다른 사람에게 인정받을 수만 있다면 좋은 것이다.

특히 그들은 부모에게서 충분히 받지 못한 사랑을 사회적 성공으로 채우려 한다. 그들에게 '그 정도면 충분해. 넌 최선을 다했어'는 용납되지 않는다. 그들은 무조건 최고가 되어야 하고, 모두가 인정하는 완벽한 사람이 되고 싶어 한다.

그러나 '열등감은 우월감이라는 동전의 뒷면이다'라는 알프레드 아들러의 말처럼 세상에서 자기가 제일 잘났다는 환상에 사로잡힌 사람들일수록 열등감의 늪에 빠지기 쉽다. 아무리 사회적으로 성공하고 지위가 높아져도 인정받고 사랑받고 싶은 욕구는 완벽하게 충족되지 않기 때문이다. 애초에 목표

설정이 '내가 원하는 건 뭐지?'가 아니라 '인정받으려면 어떻게 해야 하지?'였기 때문에 스스로 만족감을 느낄 기회는 처음부터 없었던 셈이다.

난 괜찮은 사람이다, 너도 꽤 괜찮은 사람이고

인정을 갈망하는 사람들에게 타인이란, 있어서 괴로운 존재인 동시에 없으면 안 되는 이중적인 의미다. 자신보다 우월한 존재는 백설공주처럼 성에서 추방되어야 한다. 하지만 자신을 인정해 주는 존재는 거울처럼 항상 가까이 있어야 살아갈 힘이 난다. 그러나 늘 자기가 이겨야 직성이 풀리는 관계에서는 진정한 우정과 사랑이 피어날 수 없다.

사실 우리가 원하는 관계는 민낯 그대로 만날 수 있는 관계다. 누군가를 만나기 위해 반드시 아이라이너를 그려야 하고 양복과 구두를 갖춰 입어야 한다면 그 관계는 금세 피곤해질 수밖에 없다. 우리가 진정으로 원하는 관계는 잘 꾸민 모습도 헝클어진 모습도 똑같이 인정받을 수 있는 관계다. 그건 우리가 다른 사람에게 진심으로 다가가고, 진심으로 받아들여질 때 가능하다. 우월하거나 열등하거나, 둘 중 하나만 존재할 수 있다면 우리는 영원히 힘들게 경쟁만 하다 죽게 될 것이다.

버트런드 러셀은 자신의 책 『행복의 정복』에서 남과 비교하며 끊임없이 경쟁하려고 하는 인간의 어리석음을 이렇게 비유했다. "공작새들은 다른 공작새의 꼬리를 부러워하지 않는다. 공작새들은 저마다 자기 꼬리가 세상에서 가장 훌륭하다고 믿을 테니까. 그렇기 때문에 공작새는 온순하다. 만약 그렇지 않다면 그 새의 삶은 얼마나 불행할까?"

타인에게 인정받으려는 욕구는 분명 우리를 성장하게 한다. 우리는 정당한 경쟁을 통해 자기를 뛰어넘는 법을 배워야 한다. 그러나 그것이 '나는 쓸모없다, 나는 사랑받지 못한다'라는 열등감에서 시작돼 자신의 존재를 확인하려는 수단으로 쓰인다면 우리는 영원히 삶에 만족할 수 없을 것이다. 자신의 장점을 존중하고 한계도 인정하면서 당당하게 세상을 살아갈 때 진정한 행복을 가질 수 있다.

너무 아파서
화를 내는
사람들

> 분노는 남에게 던지기 위해
> 뜨거운 석탄을 손에 쥐는 것과 같다.
> 결국 상처를 입는 것은 나 자신이다.
> _석가모니

상처를 받는 것은 무력감과 좌절감, 분노, 그리고 반항심과 연관되어 있다. 그러나 가장 먼저, 즉각적으로 발생하는 생생한 감정은 고통, 수치심, 그리고 두려움이다. 우리의 몸과 마음은 어떻게든 이 감정들을 감추려고 한다. 인정하면 자신이 상대보다 약하다는 걸 받아들이는 것 같기 때문이다. 그래서 우리는 고통, 수치심, 두려움을 격렬한 분노로 표현하고 타인을 원망하거나 복수심에 사로잡힌다.

우리는 무엇이 우리에게 고통을 주었고 그 상처가 얼마나 큰지 확인하려고 하기보다는 무조건 분노하고 경멸하는 쪽을 택한다. 상처받은 고통과 두려움, 수치심으로부터 자신을 보호하고, 상처 자체를 무효화하려는 일종의 몸부림인 것이다. 이런 분노는 파괴적인 성향을 지니고 있다. 상대를 세상에서 가장 파렴치하고 나쁜 사람으로 만들고 관계를 완전히 끊어 버린다. 때로는 그 사람과 가까운 사람, 그 사람이 좋아하는 물건에까지 분노의 불똥이 튈 때도 있다. 애인과 헤어진 후 그가 선물한 것들을 모조리 쓰레기통에 던져 버리고 그가 좋아했던 음식은 절대 입에 대지 않는 내담자도 있었다.

그들은 상대가 왜 그런 행동을 했는지, 전후 사정이 어떠했는지는 알아보려고 하지도, 들으려고 하지도 않는다. 마음을 다친 분노 때문에 오로지 관계를 망가뜨리고 자신이 받은 만큼 상대에게 고통을 주는 데만 신경을 집중한다. 그렇게 함으로써 상대방에게 '벌'을 내리려는 것이다.

그러나 상처 입은 사람들이 종종 잊는 것이 하나 있다. 파괴적인 분노 때문에 가장 큰 피해를 보는 사람은 바로 '나'라는 사실이다.

율리아는 자신의 기대가 실현되지 않으면 화를 참지 못했다. 어린 시절 동생에게 많은 걸 양보해야 했던 스트레스가 갖고 싶은 것은 반드시 가져야 직성이 풀리는 소유욕으로 변한 것이다. 그녀는 어른이 되어서도 엄마의 관심과 사랑에 민감하게 반응했다. 자신보다 동생을 더 챙겨 주는 것 같으면 서운한 마음을 감추지 못했다. 결국 서른 살이나 먹은 그녀는 동생의 생일에 엄마가 노트북을 선물하자 자신이 받았던 스웨터를 떠올리며 갑자기 엉엉 울어 버렸다. 그 후 일 년 동안 그녀는 엄마와 동생을 만나지 않았다. 억누르고 있던 질투와 실망, 좌절감이 터져 버린 거였다.

  하지만 그녀는 자신이 왜 그토록 화가 났었는지 그 근원을 들여다보는 것을 어려워했다. 엄마가 자신보다 동생을 더 사랑한다는 고통스러운 사실을 마주하게 될까 봐 두려웠기 때문이다. 그저 관계를 끊음으로써 가족들이 자신의 다친 마음을 알아 주길 바랄 뿐이었다.

  그녀의 이런 관계 단절은 남자친구를 만날 때 더 심각했다. 그녀는 남자친구가 데리러 오기로 약속한 시간에 오지 않고 그녀를 애태우고 걱정시키면 나중에 그가 와도 만나지 않았다. 사정을 설명하는 남자친구를 밀어내고 격렬하게 화를 내며 '나에 대한 마음이 고작 그 정도일 뿐이냐'고 몰아세웠다.

율리아처럼 슬프고 고통스러운 감정이 들 때마다 관계를 끊어 버리는 것으로 대응하는 사람들이 있다. 그들은 슬픔과 실망감을 차분하게 가라앉히고 상대방과 대화를 나누는 대신, 죄명을 붙이고 다시는 자신을 만나지 못하게 하는 벌을 주려고 한다. 그들의 1차 목표는 상대방을 똑같이 화나게 하는 것이다. 그것은 성공할 수도 있고 아닐 수도 있다. 그러나 그들이 진정으로 원하는 '사랑받고 싶다'는 목표는 절대로 성공할 수 없다.

그들은 '저리 가! 다 필요 없어'라고 외치고 있지만, '내 곁에 있어 줘. 난 당신이 필요해'라는 마음이 전달되기를 바란다. 하지만 그 마음은 끝내 전달되지 않는다. 그들의 분노는 너무나 느닷없고 일어난 사건에 비해 훨씬 파괴적이기 때문에 상대방은 분노 뒤에 그토록 연약한 존재나 간절한 바람이 있을 거라고는 짐작도 하지 못한다. 결국 상처를 받을 때마다 분노하고 관계를 단절시키는 것은 점점 더 자신만 고독해지는 결과를 낳을 뿐이다.

"저리 가! 다 필요 없어"라는 울음 뒤에는
"내 곁에 있어 줘. 난 당신이 필요해"라는 간절한 바람이 숨어 있다.
하지만 그 마음은 분노에 가려 전달되지 않는다.
그래서 우린 언제나 고독할 수밖에 없다.

화를 낸다고 고통이 사라지는 것은 아니다

스테판 에셀은 자신의 책 『분노하라』에서 "분노할 일에 분노하기를 단념하지 않는 사람이라야 자신의 존엄성을 지킬 수 있고, 자신이 서 있는 곳을 지킬 수 있으며, 자신의 행복을 지킬 수 있습니다"라고 말했다.

분노는 사회생활에선 불가피한 감정이다. 세상에는 도저히 참아 넘길 수 없는 일이 있고, 우리는 분노를 통해 상처로부터 스스로를 보호할 수 있다. 그리고 있는 대로 화를 폭발시키고 나면 뭔가 후련해지고 기분도 가라앉는 게 사실이다. 하지만 그렇다고 해서 파괴적인 분노가 용납되는 것은 아니다. 파괴적인 분노는 상처만 후비고 자신은 아무것도 바꿀 수 없다는 무력감만 키울 뿐이다.

뇌과학자들은 화를 내면 오히려 뇌에서 스트레스 호르몬이 방출되어 점점 더 기분이 상하고 화가 증폭된다고 말한다. 화내는 것이 울분을 해소해 주기는커녕 분노의 불길만 더욱 부채질한다는 것이다. 특히 상대가 이해하지 못하는 분노 표현은 그들을 반성하게 하는 게 아니라 더욱 크게 화나게 한다. 나는 잘못한 게 없는데 누군가 나에게 화를 냈다고 생각해 보라. 자신이 당한 것보다 두 배 세 배 더 크게 분노를 돌려주려고 하지 않겠는가.

　세상일은 내 뜻대로 돌아가지 않고 사람들은 좀처럼 내 마음을 이해해 주지 않는다. 그런 세상에서 살아가다 보면 마음이 상하는 일은 있을 수밖에 없다. 그리고 상처를 피해 갈 수 없듯이 순간적으로 치솟는 분노의 감정 또한 막을 수 없는 게 사실이다. 하지만 그 분노를 어떻게 표현하고 어떻게 처리하느냐는 우리의 의지에 달려 있다.

　미국에는 어른들을 위한 스트레스 해소용 장난감들이 많다. 화가 날 때마다 움켜쥐고 비틀 수 있는 스트레스 볼, 상사의 얼굴을 붙일 수 있는 다트판과 볼링핀 등등. 그런데 그중에서도 눈에 띄는 것이 이름만으로도 무시무시한 '상사 목조르기 인형'이다. 이 인형을 판매하는 사람들은 "여러분을 미치게 하는 직장상사의 목을 조르고 싶었던 적 다들 있으시죠? 하지만 감옥에 갈까 봐 할 수 없었겠죠. 상사의 목을 조르고 몸을 비틀고, 구기고, 밟아도 후환이 없는 안전한 방법이 여기 있습니다"라고 홍보하며 스트레스에 머리가 터져 버릴 것 같은 직장인들을 유혹한다. 잠시 잠깐 분노를 식히는 도구로 삼는다면 이런 운동기구(?)들은 분명 도움이 될 것이다. 하지만 이 방법에 의지하면 상처받는 것을 당연하게 받아들이고 상황을 바꿀 생각은 하지 못하게 된다. 사실 계속 의지할 수도 없다. 반복적으로 진통제를 먹으면 이내 내성이 생기듯이, 얼마 지나지 않아 인형 따위로는 해소할 수 없는 분노가 생길 것이기 때문이다.

분노는 건설적으로 문제를 해결하겠다는 의지를 가졌을 때만 도움이 된다. 왜 화가 났는지 분노의 원인을 찾으려고 노력하고, 자신이 할 수 있는 일과 할 수 없는 일을 구분 짓고, 관계를 유지하는 선에서 상대를 이해시키며 문제를 해결하려는 노력을 하지 않는다면 분노는 그저 격렬한 투정이 될 뿐이다.

아픈
마음은
몸이
먼저 안다

> 자기 자신을 잃어버리는 엄청난 위험이 마치 아무 일도 아닌 것처럼
> 매우 조용하게 진행되고 있다. 팔 하나, 다리 하나,
> 혹은 아내나 그 밖에 사소한 것들은 잃어버리면 그 즉시 알면서 말이다.
> —키에르케고르, 『죽음에 이르는 병』

마음에 상처를 입는 것과 몸에 병이 나는 것은 언제나 깊은 관계가 있다.

의사이자 정신분석학자였던 플랜더스 던바는 야심이 강하고 경쟁심이 심하고 적대적인 사람은 심장마비에 잘 걸리고, 감정표현에 서툴고 내성적이며 완벽주의를 추구하는 사람은 암에 잘 걸린다는 논문을 발표했다. 던바는 간병인 없이 비교적 건강한 삶을 유지하고 있는 90세 이상의 고령자들을 연구한 결과, 그들이 다른 사람들보다 스트레스 상황에 대처하는 능력이 뛰어나다는 것을 발견했다. 그들은 의견 충돌이나 이별, 실직과 같은 난관에 봉착했을 때 절망하거나 분노하는 대신 오히려 태평했다. 자기 것만 고집하지 않고 늘 호기심을 갖고 뭔가를 발명하려고 하는 창조력이 뛰어났으며 무엇보다 변화에 대한 적응력이 탁월했다. 또 걱정거리는 빨리 털어 버리고 삶을 즐겁게 살려는 욕구를 가지고 있었다. 던바는 이런 특징들이 바로 100세 가까이 건강한 삶을 유지할 수 있는 비결이라고 했다.

마음의 상처가 몸을 병들게 한다

마음의 상처가 모두 병의 직접적인 원인은 되지 않는다 해도 적어도 병의 진행 속도나 회복 속도에 큰 영향을 끼친다는 것은 분명한 사실이다. 신체의 건강 상태도 같고 성별도 나이도 몸무게도 똑같은 암환자라고 해도, 수술 후 회복 속도는 천차만별이다. 노화 역시 마찬가지다. 같은 환경에서 자란 쌍둥이라도 노화가 진행되는 속도는 각각 다르다.

디팩 초프라는 『사람은 왜 늙는가』에서 인간의 연령을 시간적 연령, 생리적 연령, 심리적 연령, 세 가지로 나누고 나이가 든다고 해서 모두 똑같이 늙는 것은 아니라고 말했다. 그는 지나치게 감정을 억제하는 것, 외로움, 좌절감, 근심, 분노, 직업에 대한 불만, 경제적 불안감 같은 것들이 노화를 부추기며, 반대로 솔직하고 친구를 잘 사귀며 작은 일에 행복을 느끼는 것, 직업에 대한 만족감, 경제적 안정감 같은 것들은 노화를 막을 수 있다고 말한다. 또한 마음의 상처는 자신을 돌보지 않고 스트레스에 무방비 상태로 놓이게 해 몸을 병에 걸리기 쉬운 상태로 만든다.

독일의 극작가 베어톨트 브레히트가 쓴 「우리의 가장 좋은 선생님」에는 마음의 상처를 극복하지 못해 결국 병을 얻은 선생님의 이야기가 나온다.

"스스로 가장 훌륭하다고 자처하는 우리 선생님은 키는 아주 컸지만 놀라울 정도의 추남으로, 소문에는 젊은 시절에 교수가 되려고 했지만 실패했다고 한다. 이에 대한 실망은 그의 내면에 잠자고 있던 분노를 완전히 발산시키게 했다. 그는 느닷없이 시험을 치는 것을 즐겼는데, 그때 우리가 아무런 대답을 하지 못하면 작은 소리로 기쁨의 환호성을 지르곤 했다. (중략) 그의 사명은 우리를 사람으로 만드는 것이었다. 어떻게 보면 그는 자신의 목적을 어느 정도 달성했다. 우리는 그에게 화학 과목은 제대로 배우지 못했지만, 사람이 어떻게 복수를 하는지는 배운 것이다. 우리 학교에는 매년 교육감이 시찰을 왔는데, 선생님은 교육감이 우리가 어떻게 공부하는지 보고 싶어 한다고 했다. 그러나 우리는 교육감이 사실은 교사가 어떻게 학생들을 가르치는지를 보고 싶어 한다는 걸 알고 있었다. 교육감이 시찰을 왔을 때, 선생님을 망가뜨릴 기회를 잡았다. 우리는 선생님이 던진 질문에 단 한 개도 대답하지 않고 그냥 멍청이들처럼 앉아 있었다. 이날만은 우리가 대답을 하지 못하는 것을 전혀 기뻐하지 않았다. 그 후 선생님은 황달에 걸려 오랫동안 병석에 눕게 되었으며, 다시는 예전의 그 기뻐하던 사람의 모습으로 되돌아오지 못했다."

육체의 병이라는 것은 사실 마음의 자가 치료 행위일 때가 많다. 상처를 숨기고 말문을 닫아버린 사람의 억눌린 감정을 몸이 표현하는 것이다. 프로이트의 제자였던 프랭크 알렉산더는 '신경성 고혈압, 신경성 두통, 기관지 천식, 류마티스 관절염, 신경성 피부염, 위궤양과 십이지궤양, 긴장성 대장염'이 심인성 질환(psychosomatic)에 속한다고 발표했는데, 사회적인 요인과 심리적인 요인이 발병의 원인이 되거나 상태를 악화시킬 가능성이 특히 높은 병이라는 것이다. 이런 심인성 질환을 연구하는 학자들은 마음을 편안하게 하면 고도의 현대 의학으로도 해결되지 않는 질환들이 고통 없이 자연스럽게 나을 수 있다고 말하기도 한다.

그래서 병을 치료할 때 내면의 상태를 함께 살피는 것은 무엇보다 중요하다. 원인을 알 수 없는 위염, 두통, 복통, 여드름 같은 것들을 육체적 증상으로만 보고 어떤 마음의 갈등이 있는지 돌보지 않는다면, 상처의 겉만 치료할 뿐 정작 썩어 가는 뿌리는 내버려 두는 셈이 되고 마는 것이다.

보이지 않는 마음을 보여 주는 몸

엘렌 랭어의 『마음의 시계』는 심리학 교수인 저자가 마음의 시간을 되돌림으로써 육체의 시간까지 되돌릴 수 있는가를 실험한 내용이 담긴 책이다. '시계 거꾸로 돌리기'라는 이름으로 진행된 이 연구는, 70대 후반에서 80대 초반의 노인 여덟 명을 20년 전으로 돌려보내고 그들의 변화를 관찰한다. 마치 타임머신을 타고 과거로 간 것처럼 1959년의 풍경으로 가득 꾸며진 집에서 노인들은 미국 최초의 인공위성이 발사되는 장면을 흑백 텔레비전으로 지켜보고, 1959년 당시의 시사적인 문제를 놓고 토론을 벌였으며, 옛날 노래를 듣고 옛날 영화를 보았다. 그리고 여느 50대, 60대처럼 가족이나 간병인의 도움 없이 요리와 설거지, 청소 등을 하며 일상을 보냈다.

그로부터 단 일주일 후, 노인들에게는 엄청난 변화가 찾아온다. 체중이 늘고 시력과 청력, 악력이 향상되는 등 신체 나이가 20세 이상 젊어진 것이다. 누군가의 부축 없이는 걷기도 힘들었던 노인은 허리를 꼿꼿하게 세우고 걷기 시작했으며 또 다른 노인은 미식축구 경기에 동참해 전력 달리기를 하기도 했다. 그 변화는 외모에도 영향을 끼쳤다. 노인들의 일주일 전후 사진을 일반 사람들에게 보여 주자 모두 일주일 후 사진을 더 젊은 시절의 모습일 거라고 예측한 것이다. 그들은 어떤 약도 복용하지 않았고 특별한 식이요법도 하지 않았다. 그저 20년 전과 똑같은 방식으로 살면서 50대로 되돌아간 것 같은 기분을 느꼈던 것뿐이었다.

몸은 마음의 상태를 그대로 반영한다. 누군가를 죽도록 미워하고, 말할 수 없는 상처 때문에 속앓이하고, 참을 수 없는 분노 때문에 매일 밤 잠 못 이룬다면, 결국엔 몸에 탈이 나게 돼 있다. 몸이 느끼는 통증을 잠재울 약을 찾아 이 병원 저 병원 전전하기 전에 마음을 먼저 들여다보라. 모든 것은 마음이 만들어 낸 결과니까.

'나의 잘못'과 '너의 잘못'을 분리하라

> "사람은 누구나 다 쓰러지게 마련이란다.
> 그리곤 다시 일어서지.
> 그게 삶이야"
> _엘리자베스 퀴블러 로스·데이비드 케슬러, 『인생 수업』

　상처를 받는 일과 상처를 주는 일은 마치 동전의 양면과 같다. 상처를 거부하는 의연함을 기르기 위해서는 먼저 상처가 가진 이중적인 의미를 구분할 줄 알아야 한다.

　흔히 상처는 '상처받은 것'과 동일한 뜻으로 사용될 때가 많다. 하지만 상처라는 말에는 두 가지 의미가 공존하고 있다. 바로 '받은 상처'와 '주는 상처'다. 이 두 가지 의미를 구분하지 않으면 우리는 억울하다고 울부짖는 한 사람의 편만 들어주는 셈이다.

'상처를 받는 것'은 누군가에게 거절당하거나 배제되거나 멸시를 받았다고 느낄 때 겪는 것이다. 어떤 사건으로 인해 상처를 받았다고 느끼는 사람의 마음속에서 일어나는 모든 감정적, 신체적, 정신적인 반응들을 말한다.

반면, '상처를 주는 것'은 다른 사람들로 하여금 상처를 받았다는 느낌을 갖도록 행동하는 것을 가리킨다. 그것은 비판하는 일일 수도 있고, 적절하지 못한 때 던진 적절하지 못한 말이 될 수도 있으며, 초대장을 돌릴 때 누군가를 제외하는 일, 사랑했던 사람에게 이별을 말하는 일일 수도 있다. 또는 의도적으로 굴욕을 주거나 차별하는 일, 가치를 폄하하는 일, 퇴짜를 놓거나 호의를 거부하는 일도 상처 주는 일이 될 수 있다.

왜 항상 나만 상처받는 걸까?

상담실 문을 두드리는 사람들은 상처받은 아픔을 간직한 사람들이 대부분이다. 누군가에게 상처를 준 것 같다고 괴로워하며 찾아오는 사람은 거의 없다. 그런데 이야기를 나누다 보면 100퍼센트 그 사람만 상처 입었다고 말할 수 없는 때가 많다. 예를 들면 이런 경우다.

한 엄마는 가족 중에서 자기에게만 말을 하지 않는 아이 때문에 괴로워했다. 그러나 자신이 아이에게 더 잘해 보라고 다그치기만 했지 한 번도 칭찬을 해 주지 않았다는 사실은 깨닫지 못했다.

이런 내담자들과 대화할 때는 준 상처와 받은 상처를 구분하는 일이 더욱 중요하다. 그들이 받은 상처는 그들이 준 상처 때문에 생겨난 것이기 때문이다. 만약 이 사람들을 상처받은 희생자로만 바라보면 그들의 왜곡된 기대와 욕구를 바로잡을 수 없게 된다. 반대로 이 사람들을 상처를 준 가해자로만 바라보면 그들의 고통을 걷잡을 수 없는 원망과 분노로 만들어 버리는 꼴이 된다.

리사 베커는 남자친구와 카페에 갔다가 그의 직장 동료를 만났다. 얼굴이며, 키, 몸매까지 자신보다 훨씬 나은 외모를 가진 여자 동료에게 리사는 질투심을 느꼈다. 하지만 심하게 경계심을 가질 정도는 아니었다. 남자친구가 이 말을 하기 전까지는 말이다. "예쁘지? 요즘 남자직원들 사이에서 저 사람을 두고 구애 경쟁이 치열해." 리사는 그 말이 이렇게 들렸다. "나도 그녀가 참 아름답다고 생각해. 여자친구만 없다면 좀 더 가깝게 지낼 수 있었을 텐데." 그 후 리사는 데이트 내내 기분이 좋지 않았고 결국 남자친구와 대수롭지 않은 일로 말다툼을 하고 집으로 돌아갔다.

그녀는 데이트를 망쳤고 마음에 상처를 입었다. 그러나 남자친구의 입장에서 보면 상처를 준 게 무엇인지 알기 어렵다. 직접적으로 상처 주는 말을 한 적이 없기 때문이다. 하지만 리사는 남자친구의 얘길 듣고 생각했다. '다른 남자직원들과 마찬가지로 저 여자에게 호감이 있는 건 아닐까. 나보다 저 여자가 더 예쁘다고 생각하는 건 아닐까. 그가 날 버리고 저 여자에게 마음을 주면 어떡하지!' 리사의 상상은 현실이 되지 않았지만 그녀 자신에게 상처를 주기에는 충분했다. 다른 여자에게 애인을 빼앗겼던 과거가 되살아났기 때문이다. 하지만 그런 사실을 알지 못하는 남자친구로서는 절대 미리 헤아릴 수 없는 일이었다.

상처를 받는 동시에 주는 사람들은 자신이 받은 상처와 주는 상처를 혼동하고 온통 받은 상처뿐이라고 주장한다. 그들은 마치 블랙홀처럼 모든 나쁜 결과를 빨아들이고 자신을 희생자로 만든다. 이런 사람들과 함께 있으면 아무리 자존감이 강한 사람이라도 상처를 입을 수밖에 없다. 그들의 입에서 나오는 말들이 너무나 논리적으로 자기의 잘못을 질책하기 때문이다.

이렇게 끊임없이 상처를 만들어 내는 사람들이 자기 스스로 상처를 거부하기 위해서는, 자신이 받은 상처와 자신이 준 상처를 분리해서 바라볼 필요가 있다. 리사는 버림받을지도 모른다는 불안이 지금의 남자친구가 아니라 과거의 남자친구에게 받은 상처라는 사실을 깨달으면서 차츰 남자 친구에 대한 의심을 거둬들일 수 있었다. 남자친구에 대한 의심이 상처받지 않기 위한 정당한 수단이 아니라, 또 다른 '상처를 주는 일'이라는 것을 알게 된 것이다.

'받은 상처'와 '준 상처'를 구분하라

받은 상처와 준 상처를 분리하는 것은 어렵고 복잡하다. 세상에는 일방적으로 상처를 주기만 하는 사람도, 당하기만 하는 사람도 없기 때문이다. 누군가 자신에게 상처를 주었다고 찾아온 사람들을 보면 작든 크든 상대방에게 먼저 상처를 준 경우가 많았다. 단지 자신의 입장에서는 대수롭지 않은 일로 여겨 기억하지 않은 것뿐이다.

한 직장에서 심리치료 프로그램을 진행한 적이 있다. 그때 상담을 받던 한 남성은 동료들이 자신을 싫어한다며 괴로워했다. 다른 동기들보다 승진이 빨라 질투를 받는 것 같다는 거였다. 그런데 동료들과 이야기를 나눠 보니 원인은 전혀 다른 곳에 있었다. 동료들은 그가 회사 밖으로만 나오면 상사와 회사에 대한 부정적인 이야기들을 쏟아낸다고 했다. 점심을 먹을 때나 저녁 술자리에서도 그의 입에서 나오는 이야기는 주변 사람들을 모두 우울하게 만들 정도로 심한 불평불만뿐이라는 것이다. 동료들은 오히려 그가 자신들의 의욕을 꺾고 기분을 상하게 만든다고 했다.

나는 사람들이 자신을 싫어한다고 하소연하던 남성에게 동료들의 이야기를 전해 주었다. 그리고 그의 불평불만을 억지로 들어야 하는 사람에게 그 시간이 얼마나 괴로웠을지 생각해 보길 바란다고 했다.

왕따를 당하는 사람에게는 그럴 만한 이유가 있다는 말을 하려는 게 아니다. 자신이 주는 상처와 받는 상처를 분리하지 않고 무조건 상처받은 피해자라고만 생각하면 실제로 그 사람은 어딜 가도 계속 상처를 받을 수밖에 없다. 일단 사람들이 자신을 싫어한다고 생각하고 자신은 환영받지 못하는 존재라고 믿어 버리면 다른 조직에 가도 적극적으로 사람들과 어울리지 못한다. 언제 또 버림받을지 몰라 눈치를 살피고 사람들에게 진심으로 다가가지 못하기 때문에 주위 사람들도 그 사람과 함께 있는 것을 불편해하는 것이다. 결국 사람들이 그렇게 하려고 해서가 아니라 그 자신이 상처받을 것을 상상하고 불행해진다. 그러므로 마음의 상처를 좀 더 정확하게 보기 위해서는 우리가 겪은 일들을 사실 그대로 인지할 줄 알아야 한다. 무조건 상처받았다고 말하는 게 아니라 무슨 일이 일어났고 어떤 행동 때문에 마음이 상했는지 생각하며, '나의 문제'와 '너의 문제'를 분리해 보라. 무조건 내 탓도 무조건 남 탓도 하지 않을 때 상처의 악순환을 멈추게 할 수 있다.

Chapter 2

더 이상
모든 일을
당신 탓이라고
생각하지 마라

나를 괴롭히는 가장 힘든 적은
바로 나 자신이라는 사실을 깨달아야 한다.
어떤 종류의 열등감도
내가 허락하지 않으면
결코 나의 삶을 침범할 수 없다.

상처는
언제나 같은
자리에서
시작된다

> 행복한 사람도 늘 행복하지는 않다.
> 기쁨과 슬픔이 교차하고 상처받기 쉬우며 변화무쌍하고 불완전하지만,
> 그럼에도 삶에는 한없이 감사할 가치가 있다.
> _댄 베이커·캐머런 스타우스, 『인생 치유』

혹시 마지막으로 상처 입었던 순간을 기억하는가? 괴롭겠지만 그때를 한번 떠올려 보자. 그 상처는 언제 누구에 의해서 발생했는가? 당신은 어떤 느낌이었고 어떤 태도를 취했는가? 그리고 어떤 기대들과 어떤 욕구들이 좌절되었는가?

잠시 용기를 갖고 그 당시의 체험에 머물러 보길 바란다. 당신의 마음 깊은 곳에 상처로 남아 있던 모욕의 경험을 꺼내 보면 한 가지 흥미로운 사실을 발견할 수 있을 것이다. 상처를 주

는 일은 대부분 마른하늘에서 떨어지는 날벼락처럼 순식간에 우리를 강타하지만, 생판 모르는 낯선 것이 아니라는 사실이다.

누구나 한 번쯤 자신이 왜 그토록 격렬하게 화를 내는지 이해할 수 없을 정도로 분노가 폭발했던 경험이 있을 것이다. 상대를 벼랑 끝에 몰아세우고 기어이 절벽 아래로 떨어뜨리고 말겠다는 기세로 온갖 악담을 퍼붓거나 엉뚱한 사람에게 화풀이를 하고 후회했던 기억.

그때 우리는 도대체 왜 그랬던 걸까?

아버지의 마지막 모습

이졸데는 남자친구와 다툴 때마다 솟구치는 화를 자제할 수 없어 힘들어했다. 알고 보니 그녀는 지금까지 연애 기간이 1년 이상 유지된 적이 없었다. 1년이 가까워 올 무렵이면 언제나 큰 다툼이 벌어졌고 매번 관계는 깨지고 말았다. "그가 미안하다고, 여전히 널 사랑한다고만 말했어도 그렇게 되진 않았을 거예요. 그 말을 하는 게 그렇게 어려운가요?" 이졸데는 자신의 사랑이 일회용품처럼 소모되고 버려지는 것 같은 느낌에 괴로워했다.

새로운 남자친구가 생길 때마다 이졸데는 늘 최선을 다했다. 그 사람이 자신이 바라던 완벽한 남자라고 생각했고, 이번만은 관계가 오래 유지될 거라고 확신했다. 그녀는 100퍼센트 상대에게 헌신했다. 예전에 저질렀던 잘못을 되풀이하지 않고, 매력적이고 사랑스러운 애인이 되기 위해 온갖 노력을 기울였다. 그런데 문제는 상대에게도 100퍼센트 헌신을 요구한다는 거였다. 그녀는 남자친구가 조금이라도 무심하게 행동하면 언제나 그 모든 사랑을 거두어들이고 오래전부터 상처만 받아 온 사람처럼 민감하게 반응했다. 남자친구가 거리를 두거나 혼자 있고 싶어 하면 자신을 떠나려 한다는 신호로 받아들였고 그 두려움을 극복하기 위해 모든 상황을 통제하려 했다. 남자친구의 주말 스케줄, 퇴근 후 여가 시간은 모두 그녀와 함께하거나 미리 알고 있어야 했고 출장 후 남자친구가 가장 먼저 만나야 할 사람, 아침에 일어나 가장 먼저 통화해야 할 사람도 항상 자신이길 바랐다. 그렇지 않으면 그녀는 불같이 화를 내며 욕설을 퍼붓고 그를 비난했다.

그녀는 자기 감정에만 너무 깊이 사로잡혀 더 이상 그의 입장이 되어 보거나 그의 생각을 헤아리려는 노력을 할 수 없었다. 평소에는 침착하게 해법을 찾으려고 노력했지만 남자친구와 다툴 때는 건설적으로 논쟁하는 일이 불가능했다. 연애를 끝내고 싶은 것은 아니었다. 그녀는 버림받고 싶지 않았고 떠나고 싶지도 않았다. 그녀가 바란 것은 자신의 끝없는 불안을 잠재워 줄 굳건한 사랑이었다. 말로 표현하고 행동으로 보여주는 분명한 사랑 말이다.

그런 사람은 없을 거라는 걸 알면서도 어린아이가 떼를 쓰듯 불가능한 기대에 매달리는 그녀가 나는 안타까웠다. 남자들은 작은 일에도 이성을 잃고 흥분하는 그녀에게 지쳐 이별을 고했다. 그렇지 않을 때는 그녀가 먼저 헤어지자고 말했다. 버림받는 것보다 차라리 먼저 버리는 편이 더 견디기 쉬웠기 때문이다.

그녀를 치유하는 과정은 길고 힘들었다. 우리는 그녀의 남자친구들을 한 명씩 과거에서 불러내 버림받았던 아픈 기억을 복기했고, 마침내 상처 입은 곳을 찾아냈다. 그곳에는 의외로 그녀의 아버지가 있었다.

그녀는 아주 어린 나이에 사고로 아버지를 잃었다. 그녀의 마지막 기억 속의 아버지는 가방을 메고 그녀의 볼에 입을 맞춘 뒤 활짝 웃으며 현관문에 서서 손을 흔들었다. 그리고 다시는 돌아오지 않았다. 식구들은 어린 그녀가 충격을 받을까 봐

상처는 언제나 같은 자리에서 시작되고, 같은 자리에 흔적을 남긴다.
비슷한 상황이 발생하면 과거의 상처들이 너도나도 튀어나와 싸움에 합세한다.
그래서 우리의 싸움은 언제나 격렬하다.

아버지가 죽었다는 사실도 나중에야 들려주었다. 그녀는 아버지의 마지막 모습도 지켜볼 수 없었고 아버지를 떠나보낼 기회도 가질 수 없었다. 그녀에게 아버지는 돌아오지 않는 사람에서 자신을 두고 떠난 사람, 자신을 버린 사람으로 변해 갔고 그리움은 원망이 되었다.

바로 이 상실감이 다른 사람과 헤어지는 것을 두려워하게 하는 '상처 입은 곳'이었다. 그녀는 남자친구와 헤어질 때마다 다시는 만나지 못할지도 모른다는 생각을 하곤 했다. 남자친구와 연락이 닿지 않거나 조금이라도 평소와 다른 기미가 보이면 불안은 확신으로 바뀌었고 두려움으로 변해 갔다. 그녀는 남자친구가 어디에 있는지, 자신에 대해 어떤 생각을 하고 있는지 속속들이 알아야 비로소 안심이 된다고 했다. 하지만 그럴수록 남자친구는 그녀와 거리를 두고 멀어졌다. 그녀는 모든 걸 통제함으로써 버림받을지도 모른다는 두려움을 물리치려 했지만 정작 그것 때문에 버림받게 된 것이다.

억눌린 상처 속에서 아버지에 대한 기억을 끄집어내면서 그녀는 처음으로 아버지의 죽음을 슬퍼하고 그의 죽음으로 인해 그녀가 느꼈던 실망과 분노를 표현할 수 있었다. 그리고 그녀가 연인과 헤어질 때 겪은 고통과 분노가 아버지의 죽음을 겪었을 때 미처 해소하지 못한 감정과 관련되어 있다는 것도 깨달았다.

그녀에게 헤어짐을 고했던 남자친구들은 모두 인사도 없이 사라져 버린 그녀의 아버지인 셈이었다. 그녀는 20년 넘게 쌓아 왔던 원망과 고통, 분노를 어렵게 내려놓았다. 비록 완벽하게 자유로워지기까지는 시간이 필요하겠지만 상처를 있는 그대로 바라보는 연습을 시작한 것이다.

맨 처음 상처 입은 곳에서 화해하라

때때로, 자신도 이해할 수 없는 행동이 미처 제어할 새도 없이 튀어나오는 이유는 상처를 일으키는 행위가 우리가 민감하게 생각하는 부분을 건드리기 때문이다. 나는 그것을 '상처 입은 곳'이라고 부른다. 우리는 바로 그 지점에서 상처를 받았고 앞으로도 계속 받을 것이다.

상처 입은 곳은 과거에 받은 상처가 치유되지 않고 굳어 버린 자리다. 그래서 언제든 조금이라도 비슷한 상황이 발생하면 그 즉시 암세포처럼 온 몸으로 퍼져 옛 기억을 들추고 두 배 세 배 아픈 고통을 준다. 다시 말해서 상처를 일으키는 행위에 대한 반응은 지금까지 겪어 온 모든 상처에 대한 반응인 것이다. 자동적으로 분노 역시 지금까지 우리에게 상처를 준 모든 사람에 대한 총체적인 분노다. 그렇기 때문에 우리는 그 상황을 객관적으로 인지하지 못하고 마치 지금 눈앞에 있는 상대가 상처 준 사람들의 대표라도 되는 것처럼 싸우는 것이다.

그런 상황과 맞닥뜨리면 어떻게 대처해야 할까? 재빨리 링 위로 뛰어올라 선제공격을 날려야 할까? 남자친구가 헤어지자고 할까 봐 먼저 헤어지자고 말하는 이졸데처럼? 아니면 흰 수건을 날리고 고독하게 마음속 동굴로 돌아가야 할까?

나의 조언은 즉각 결정하지 말고 최소한 하루 밤낮을 기다리라는 것이다. 그래야 자신의 '아픈 곳'을 찬찬히 들여다볼 수 있을 테니까. 그리고 다음의 네 가지 질문을 통해 상처 입은 곳을 찾아가 보길 바란다.

- 방금 일어난 상처는 나에게 어떤 아픔을 주었나.
- 나의 분노는 정당한가. 엉뚱한 사람에게 화를 낸 것은 아닌가.
- 되살아난 옛 상처가 있는가.
- 다시는 떠올리고 싶지 않은 고통스러운 기억은 무엇인가.

그리고 마지막 질문은 이것이다.

'나의 분노는 다른 사람에게 어떤 아픔을 주었을까.'

우리는 항상 나만 상처받았다고 생각한다. 나의 상처를 걱정하느라 다른 사람이 상처를 받든 말든 신경 쓰지 않는다. 하지만 상처의 근원을 치유하려면 나의 상처를 돌아보는 것과 마찬가지로 남에게 상처를 주는 일도 차단해야 한다.

아무리 사랑하는 사람이라도 나의 옛 상처까지 치유해 줄 수는 없다. 우리의 감정을 책임져야 할 사람은 우리 자신이지 다른 사람이 될 수 없기 때문이다. 우리는 그의 생각과 나의 생각이 다를 수밖에 없다는 것을 인정하고, 우리 자신은 물론 상대방을 이해하려고 노력해야 한다.

분노와 비난, 한탄은 그 어떤 문제도 해결해 주지 않는다. '어떻게 그가 나에게 이럴 수 있지?'라는 질문 대신 자신의 내면을 바라볼 때 상처를 치유할 수 있는 능력도 가질 수 있다.

더 이상
자신을
탓하지 마라

> 장담하건대, 당신 생각을 하고 있는 사람은 아무도 없다.
> 그들은 자신만을 생각하고 있다.
> 당신이 당신 자신만을 생각하고 있는 것처럼.
> _로저 로젠블라트, 「유쾌하게 나이 드는 법 58」

일이 뜻대로 되지 않을 때 우리는 책임을 지울 대상을 찾아 나선다. 길에서 넘어진 사람이 일어나자마자 발밑을 훑으며 돌부리부터 찾듯이, 일을 망친 원인을 찾아내기 위해 촉각을 곤두세운다. 그런데 유독 활시위를 자기 자신에게로 돌리는 사람들이 있다. 주위에서 일어나는 모든 일들을 자신과 연관시키며 자책하고 괴로워하는 사람들, 전혀 상관없는 일이나 오히려 상대방에게 화를 내야 하는 상황에서도 모든 화살을 스스로에게 돌리고 고통받기를 자처하는 '내 탓'의 달인들 말이다.

그들은 마치 온 세상이 자신을 중심으로 돌아가고 있는 것처럼 행동한다. 상대방의 기분이 가라앉거나 좋아지는 것, 퉁명스러운 어조나 태도, 돌연한 행동의 변화가 자신의 행동에서 비롯된다고 생각하는 것이다. 누군가 몸이 좋지 않아서 약속을 다음으로 미루자고 말하면 내 탓의 달인들은 그 말을 곧이곧대로 받아들이지 않는다. 그들은 상대방이 자신을 만나고 싶지 않아서 변명을 한 거라고 생각한다. 그래서 '몸이 좋지 않다'는 '꾀병'으로, '다음으로 미루자'는 '별로 만나고 싶지 않다'는 뜻으로 받아들인다.

또 상대방의 말과 행동을 자신을 깎아내리는 것으로 연결 짓고, 어떤 의견을 내거나 농담을 던질 때도 자신이 기대한 만큼 사람들이 반응하지 않으면 심한 책임감을 느낀다. 그래서 어떻게든 주의를 집중시키고 분위기를 다시 띄우기 위해 노력한다. 그런 그칠 줄 모르는 자책과 노력이 분위기를 점점 더 부정적으로 만든다는 사실은 까맣게 모른다.

이런 행동의 뒤에는 인정받고 싶은 욕구와 완벽주의, 그리고 열등감이 숨어 있다. 특히 어린 시절 부모로부터 충분한 사랑을 받지 못했거나 거부당한 경험이 있는 사람이라면 남들에게 인정받지 못하는 것이 곧 "나는 제대로 하는 일이 하나도 없어. 아무도 날 원하지 않아"라는 뜻이 된다. 이런 아픈 경험들은 우리의 마음속에 커다란 상처를 남긴다. 그들은 세상과 다른 사람들이 자신을 거부할 가능성이 있다는 것을 항상 머릿속에 떠올리며 산다. 그리고 이런 생각은 자신에 대한 회의, 불안, 그리고 불확실함으로 나타나 상처받기 쉬운 사람이 되게 한다.

다른 사람의 눈에서 자신의 모습을 찾지 마라

백 명 정도의 청중이 앉아 있는 강당에서 강연을 한다고 가정해 보자. 열정에 가득 차서 연설을 하는 당신의 눈에 하품을 하는 사람이 들어온다. 그때 당신은 '내 강연이 지루한가 보군'이라고 해석할 수도 있고 '저 사람이 어제 잠을 못 잤나'라고도 해석할 수 있다. 만약 당신이 자기와 연결지어 '강연이 지루하구나'로 이해한다면, 십중팔구 자신이 무시당했다고 느끼고 상처를 받을 것이다. 그리고 강연 내용에 문제가 있나? 내 말투가 너무 지루한가? 농담을 좀 섞어야 하나? 하는 생각들로 머릿속은 뒤죽박죽이 될 것이다. 강연의 주제와 목적은 희미해지고, 그 대신 하품한 청중의 마음에 들기 위해 신경을 곤두세울 것이다. 이 와중에 눈치 없이 누군가 두 번째 하품을 터뜨린다면, 당신은 패닉에 빠져 말을 더듬거나 쓸데없는 농담을 하느라 정작 중요한 메시지를 전달하지 못할 수도 있다. 결국 청중 한 사람의 몸짓을 자신과 연관 지어 부정적으로 받아들임으로써 당신은 자신감을 잃고 강연을 망치게 되는 것이다.

하품을 한 이유가 정말 지루해서일 수도 있다. 그리고 당신의 노력이 빛을 발해 그 사람이 마지막에는 고개를 끄덕이며 살짝 미소를 지어 줄 수도 있다. 하지만 그로 인해 당신이 잃는 것은 훨씬 더 크다. 다른 사람의 기준에 자신을 억지로 끼워 맞추려다 자기 기준을 잃어버리는 것이다.

연사는 강연이 끝날 때까지 사람들이 어떻게 느끼고 있는지를 걱정할 필요가 없다. 설득하는 힘은 상대방의 마음에 드는 말이 아니라, 말하는 사람의 확신에서 나오기 때문이다. 연설하는 사람이 청중의 머릿속을 헤매며 마음에 들기 위해 전전긍긍하는 것이 아니라 자신감을 갖고 자신의 이야기를 할 때 비로소 사람들의 마음을 움직일 수 있는 것이다.

하지만 우리는 종종 자기만의 잣대를 버려둔 채 타인 혹은 사회에서 제시하는 모범을 무작정 좇을 때가 많다. 그리고 외부의 기준에 미달된다는 느낌이 들면 자신을 책망하며 의기소침해지고 스스로를 깎아내리며 상처를 준다. 그러다 보면 부정적인 자기상이 굳어져서 뭔가 잘못을 저지를지도 모른다는 불안 때문에 모든 일에 자신감을 잃고 모든 일을 자기 잘못으로 생각하며 우울증에 빠지기도 한다. 사무실에 발을 들여놓았을 때 동료들의 대화가 끊기면 그들이 자신의 이야기를 하고 있었던 것이라고 추측하고, 배우자나 애인의 기분이 좋지 않아도 자신의 책임이라고 느낀다. 주변에서 발생하는 모든 비판적 신호들을 자신과 연관된 것으로 받아들이는 것이다. 이런 자책감이 심해지면 사람들이 칭찬을 해 주어도 기뻐할 줄 모르고 성공을 해도 만족할 줄 모르게 된다. 좋은 것은 그저 행운이나 우연으로 받아들이고 온갖 부정적인 것들만 자신과 관련된 것으로 생각하는 것이다.

나 자신에게 무한한 관용을 베풀어라

우리는 있는 모습 그대로 사랑받을 권리가 있다. 학교에서 일등을 하지 않아도, 아름답지 않아도, 능력이 뛰어나지도 않고, 누구나 인정할 만큼 성공하지 못해도 충분히 사랑받을 자격이 있다. 불완전함은 해결해야 할 문제가 아니라 자연스러운 존재의 일부일 뿐이다. 그 사실을 받아들일 때 우리는 진정한 사랑을 주고받을 수 있다.

쉽게 상처받는 사람들은 일이 잘못되면 모든 책임을 혼자 짊어지려고 한다. 자신에 대한 회의와 불신, 불안으로 가득 차 있기 때문에 부정적인 것들을 블랙홀처럼 빨아들인다. 그리고 다른 사람의 시선과 표정, 말투, 의미 없는 몸짓들을 관찰하며 끊임없이 부정적인 해석을 덧붙인다.

사랑을 주지 못하는 사람은 사랑을 받을 수도 없듯이 스스로를 불신하는 사람은 다른 사람의 인정을 받을 수도 없다. 그러므로 자기 자신에게 무한한 관용을 베풀어라. 우리 자신은 충분히 그럴만한 가치가 있는 존재다. 적어도 나에게 나라는 존재는 그럴만한 가치가 있다.

그리고 다른 사람의 냉정한 눈빛을 마음에 새기고 가슴 아파하기보다는 스치듯 지나간 작은 미소일지라도 긍정적인 것을 기억하라. 다른 사람의 비판적인 시선과 거부가 정말 자신을 향한 것이었는지 직접 확인하기 전에는 절대 그것을 자신의 탓이라 지레짐작하고 무조건 수긍하지 말길 바란다. 그들의 부정적인 메시지에 대한 모든 책임이 당신에게 있는 것은 아니다. 당신은 죄인이 아니다. 그저 상처를 주는 상황에 속한 일부일 뿐, 전부가 아니다. 다른 사람들의 사랑스러운 면을 보기 위해 노력하고, 자기 자신의 사랑스러운 면을 보기 위해 더 많이 노력하라. 그렇게 자신과 화해한다면 우리는 상처를 거부할 수 있다.

편견에서
자유로울 수 있는
사람은 없다,
단 한 명도

> 우리가 어떤 삶을 만들어 나갈 것인가는
> 전적으로 우리 자신에게 달려 있다.
> 필요한 해답은 모두 우리 안에 있으니까.
> _하인츠 쾨르너, 『아주 철학적인 오후』

    2012년 2월 20일은 '장미의 월요일'이라고 불리는 공휴일이었다. 초등학교 교사 아크귄과 에바는 열 명 정도 되는 초등학교 5학년 학생들을 데리고 볼링장에 가기로 했다. 대부분이 휴일에도 일을 나가야 하는 이민자 가정 아이들이라 모처럼의 나들이에 잔뜩 들떠 있었다. 그런데 버스가 목적지에 도착하기 직전, 기쁨은 혼란으로 바뀌고 말았다. 한 독일 남자와 여자가 학생들을 보고 욕설을 퍼부은 것이다.

"어디를 가든 외국인들뿐이란 말야!"

여자는 씩씩거리며 말했다. "집으로 꺼져라!"

곧이어 남자가 이렇게 소리쳤다.

"너희 같은 애들은 가스실로 보내야 돼. 아우슈비츠에 가둬야 한다고!"

아크귄과 에바는 충격과 분노에 할 말을 잃고 멍해졌다. 아이들은 아우슈비츠라는 말이 무슨 뜻인지도 알지 못했고, 집으로 돌아가라는 의미가 뭔지도 이해하지 못했다.

여학생 하나가 아크귄의 소매를 잡아당기며 어리둥절한 표정으로 말했다.

"하지만 선생님, 여기가 우리 집인데요."

아크귄은 그들에게 당장 사과하라고 말하며 버스 운전수에게 경찰을 부르라고 요청했지만 그는 아무것도 못 들은 척하며 차를 멈추지 않았다. 버스에 타고 있던 스무 명 남짓한 사람들 중에서 그들의 폭언에 대응한 사람은 단 한 명도 없었다.

《쥐트도이체 차이퉁》에 특집 기사로 실렸던 이 이야기는 독일 시민들에게 여전히 남아 있는 인종에 대한 편견을 들추는 계기가 됐다.

아무리 포장하고 감추려고 해도 인종, 성별, 종교, 직업, 장애인, 경제력 등에 대한 차별과 사회적 편견은 사람들의 생각과 일상 곳곳에 분명하게 자리 잡고 있다.

나 역시 여성이라는 이유로 무시당한다고 느낄 때가 종종 있다. 내 사무실 현관등은 몇 개월째 고장 난 상태였다. 나는 관리인에게 새 전구로 바꿔 끼워도 작동하지 않으니 낡은 전선 때문에 접촉 불량이 생긴 것은 아닌지 봐 달라고 여러 번 요청했다. 하지만 그때마다 관리인은 '규격이 맞는 전구를 산 겁니까?' '전선은 문제 없어요' '나중에 한 번 가지요' 하면서 차일피일 미루고 한 번도 오지 않았다. 그런데 얼마 전 내 사무실에 잠깐 들른 남자 동료가 관리인에게 얘기하자 그는 이렇게 말했다.

"곧바로 처리하지요."

나는 할 말이 없었다.

사실 우리는 매일매일 크고 작은 편견들과 싸우며 살아가고 있다. 자동차 정비소에 가면 이것도 고쳐야 하고 저것도 손보지 않으면 큰일 난다고 은근히 겁을 주며 더 많은 부품을 교체하고 돈을 받으려고 하는 주인과 싸워야 한다. 반대로 정비소 주인 입장에서는 '이 사람이 바가지를 씌우려고 하는구나'라고 의심부터 하는 손님의 편견과 싸워야 한다. 학벌이 낮은 사람은 업무 능력이 떨어질 거라는 편견과 싸워야 하고 학벌이 높은 사람은 기대 이상을 실현해야 한다는 편견과 싸워야 한다. 여성은 나약하고 의존적일 거라는 편견과 싸워야 하고 남성은 힘이 세고 이성적일 거라는 편견과 싸워야 한다. 또한 흑인은 잠재적 범죄자, 아랍인은 테러리스트, 히스패닉은 가난한 불법 체류자라는 편견과도 싸워야 한다.

1992년 미국 사회를 충격에 빠뜨렸던 LA흑인폭동은 흑인 청년을 집단 구타한 네 명의 백인 경찰이 무죄 판결을 받은 것이 도화선이 되었다. 하지만 그때까지 흑인들이 무시당하고 차별받은 경험이 전혀 없었다면 그렇게 큰 폭력 사태로 번지지는 않았을 것이다. 편견으로 인한 상처는 절대 저절로 아물지 않는다. 쌓이고 쌓여 결국 폭발하고 만다. 더 위험한 것은 마치 사회적 규칙이나 문화처럼 인식되어 쉽게 바꿀 수 없고 상처 또한 대물림될 수 있다는 것이다.

나와 다르다는 이유로 차별할 권리는 없다, 그 누구에게도
편견은 미지의 세계에 대한 일종의 거부 반응이다. 한 번도 보지 못했던 낯선 물건이나 세계, 사람을 만나면 그것을 탐구하고자 하는 호기심이 발동한다. 그런데 그와 동시에 우리의 마음속에는 불안과 두려움도 싹튼다. 낯선 무엇이 나에게 해로움을 끼치거나 목숨을 위협할 수도 있다는 생각이 들기 때문이다. 만약 그때 미지의 대상에 관해 좋지 않은 이야기를 듣거나 좋지 않은 경험을 하게 되면 편견이 생길 수 있다. 충분한 지식이나 경험을 갖기 전에 부정적인 감정을 갖고 공정하지 못한 쪽으로 결론을 내리는 것이다.

편견에 사로잡히면 더 이상 미지의 대상이 좋은지 나쁜지 머리 아프게 고민할 필요가 없어지지만, 그 대상을 제대로 알고 평화롭게 공존할 수 있는 기회도 사라져 버린다. 특히 인종, 성별, 종교, 장애, 학벌, 외모 등 개인의 힘으로 쉽게 바꿀 수 없는 것들에 대한 편견과 차별은 상대의 자유를 억압하고 자존감을 갉아먹으며 사회적 불안을 더욱 심화시킨다.

편견을 없애는 일은 남을 위한 배려가 아니다. 우리는 누구나 아시아, 유럽, 아프리카, 아메리카, 말레이 인종 중 하나에 속하며 집단과 집단 사이의 차이로 인해 어느 쪽에서든 차별을 받을 수 있다. 다시 말해 편견은 우리 모두에게 부정적인 경험을 안겨 줄 수 있다.

우리가 기억해야 할 것은 나와 다르다는 이유로 다른 사람을 차별할 권리는 누구에게도 없다는 사실이다. 또 나와 다른 것을 옳지 않거나 부족한 것으로 받아들여서는 안 된다. 백인, 흑인, 동양인, 히스패닉, 이슬람교도, 천주교도, 개신교도, 남성, 여성, 동성애자 이전에 우리는 모두 인간이며, 있는 모습 그대로 존중받아야 할 존재들이다.

어느 텔레비전 프로그램에서 편견에 대한 설문조사를 실시했다. 그들은 단도직입적으로 이렇게 물었다.
"당신은 편견을 갖고 있습니까?"
이 질문을 받은 사람들의 대다수는 "아니오"라고 대답했다. 편견을 갖고 있다고 공개적으로 시인하는 것이 왠지 부끄럽고 잘못을 저지르는 것 같았기 때문이다. 그들은 자신이 인종주의자나 남성혐오자, 속물 따위로 인식될까 봐 겁을 냈다.
대다수의 사람들이 위와 같은 이유로 자신들이 갖고 있는 편견을 숨기거나 부인한다. 하지만 그것은 편견을 수정하고 없앨 기회 또한 차 버리는 행동이다. 우리가 편견을 솔직하게 시인할 수 있는 기회와 환경을 만들 때, 그 편견들에 대해 생각해 보고 다른 사람들과 의견을 교환하고, 그 편견들이 지닌 파괴성을 조금이라도 약화시킬 수 있기 때문이다.

나는 텔레비전에서 했던 약식 설문조사를 워크숍의 형태로 진행해 보고 싶은 충동을 느꼈다. 그래서 서로 알지 못하는 다양한 인종의 참가자들을 모으고 그룹을 나눠 상대 그룹에게 갖게 된 편견들을 기록할 시간을 주었다. 그리고 편견 목록을 취합하여 정리하고 토론 주제로 내놓았다. 그들은 자신들이 갖고 있었던 다양한 편견들에 대해 열띤 토론을 벌였다. 그룹 토론이 끝날 즈음, 그때까지 나온 이야기들에 대해 다시 한 번 검토할 기회를 갖고 자신에게 어떤 변화가 생긴 것 같은지 물었다. 결과는 놀라웠다. 거의 대부분의 사람들이 변화를 경험했기 때문이다. 물론 편견이 약화되는 좋은 방향으로.

여행, 대화, 악수, 그것이 편견을 물리치는
가장 빠른 방법이다

편견을 물리치는 가장 빠른 방법은 접촉이다. 우리는 직접적으로 미지의 대상과 접촉하고 교류함으로써 편견을 무의미한 것으로 만들 수 있다. R. J. 팔라시오가 쓴 『아름다운 아이』는 선천적 안면기형으로 태어난 열 살 소년 어거스트가 처음으로 학교에 들어가면서 1년 동안 겪게 되는 일들을 다룬 이야기다. 아이들은 어거스트가 얼마나 똑똑하고 재미있는 아이인지 알기도 전에 겉모습만 보고 무섭다며 피해 버린다. 골룸, 구토유발자, 오크족이라고 놀리며 괴롭히는 친구들 때문에 어거스트의 학교생활은 평화로운 날이 없었다. 하지만 어거스트는 자신의 곁에 있어 준 누나와 다섯 명의 친구들을 통해 자신의 장애와 사람들의 편견, 아이들의 놀림과 괴롭힘을 극복해 나간다. 친구들이 항상 천사 같은 모습으로 어거스트를 돌봐 주었기 때문이 아니다. 누나는 부모님의 보살핌과 사랑을 독차지하는 어거스트를 미워하기도 했고, 상처를 주고 떠나갔던 친구도 있었다. 하지만 어거스트와 친구들은 친해지고 싶은 마음과 미워하는 마음, 서로의 오해까지도 모두 솔직하게 이야기하며 진짜 친구가 되었다.

  세상에서 편견을 사라지게 하는 일은 불가능하다. 하지만 내가 누군가의 마음에 다가가는 일, 그의 입장에서 세상을 바라보는 일은 생각보다 어렵지 않다. 외국인에게 편견이 있는 사람이라면 그와 직접 대화를 해 보라. 그도 나처럼 누군가의 딸이거나 아들이고, 돌아갈 고향이 있고, 농담을 즐길 줄 안다는 사실에 깜짝 놀라게 될 것이다. 그리고 여행을 떠나라. 그러면 우리가 얼마나 작은 세계에서 헛된 경쟁을 하며 아등바등 살아왔는지 깨닫게 될 것이다.

물론 모든 체험이 편견을 없애는 긍정적인 것일 수는 없다. 어떤 것은 부정적인 감정만 더 키울 수도 있다. 하지만 편견에 갇혀 자기가 정해 놓은 안전한 영역에서, 검증된 사람들만 만나며 살아가기엔 세상은 너무나 흥미진진한 것들로 가득하다.

너와
나 사이에
필요한
마음의 거리

> 모든 여자는 자신의 산을, 모든 남자는 자신의 바다를 품고 있지.
> 하늘과 바다는 수평선에서 서로 맞닿을 수 있지만
> 절대 하나가 될 수 없고, 같은 공간에서 같은 시간을 나눌 수 없지.
> _아지즈 네신, 『툴슈를 사랑한다는 것은』

문화인류학자 에드워드 홀은 개인 영역을 네 가지로 구분했다. 부모 자식 간이나 연인, 부부 사이처럼 신체 접촉이 허용되는 친밀한 관계에서는 45센티미터 미만의 밀접한 거리, 친구나 직장 동료처럼 가까운 지인의 경우에는 45~120센티미터에 해당하는 개인적 거리, 인터뷰나 공식적인 만남 같은 상황에서는 120~370센티미터에 해당하는 사회적 거리, 무대 위의 공연자와 관객 사이에는 370센티미터를 초과하는 공적인 거리가 유지되어야 한다는 것이다.

절대적인 기준은 아니지만 상대가 누구냐에 따라 편안함을 느끼는 거리가 각각 다르다는 것은 분명한 사실이다. 이것을 무시하고 다가가면 상대는 불편함과 갑갑함을 느끼고 뒤로 물러나게 마련이다.

사람과 사람 사이의 거리에 대한 이런 관점은 관계를 맺고 있는 모든 사람과 친하게 지내야 한다는 스트레스로부터 우리를 구해 준다. 상대가 섭섭하게 생각할까 봐 잘 알지도 못하는 사람들과도 친한 척을 해야 했던 사람들에게, 친밀한 관계의 사람들 하고만 가깝게 지내도 되는 명분을 만들어 준 것이다. 그러나 '적절한 거리 두기'가 가장 필요하고 또 잘 이루어지지 않는 것이 바로 친밀한 관계다.

도망치는 남자 vs. 붙잡으려는 여자

사람들에겐 사랑하는 사람들끼린 잠시도 멀리 떨어져서는 안 된다는 강박이 있는 것 같다. 하지만 부부나 연인, 부모 자식 사이에도 때로는 남처럼 120센티미터 이상 떨어져 서로를 지켜봐야 할 때가 있다.

특히 남자들은 본능적으로 다른 누군가와 빈틈이 없을 정도로 가까워지는 것을 두려워한다. 긴밀하게 연결된 상태를 옴짝달싹 못하는 갑갑한 감옥에 갇힌 것처럼 느끼고 그 안에서 자신의 본성을 잃을까 봐 불안해하는 것이다. 존 그레이는 『화성에서 온 남자, 금성에서 온 여자』에서 남자들의 이런 특성을 '고무줄'이라고 표현했다. 남자들은 친밀해지고 싶은 욕구가 어느 정도 채워지면 자율성을 되찾고 싶은 욕구를 강하게 느낀다고 한다. 그래서 곁에 있는 연인으로부터 최대한 멀리, 고무줄이 끊어지기 직전까지 달아나려고 하고, 고무줄의 탄성이 한계에 다다르면 언제 그랬냐는 듯 다시 제자리로 돌아온다는 것이다. 그리고 그것은 배고픔을 느끼는 것처럼 자연스럽고 본능적인 욕구여서, 억지로 참으면 신경질적이고 무기력해지거나 우울증을 보일 수도 있다고 한다.

그레이의 연구에 따르면 사랑하는 남녀가 겪는 많은 문제들은 바로 이런 특성과 관련이 있었다. 여자는 느닷없이 거리를 두고 도망치는 남자를 이해하지 못한다. 여자가 거리를 두려고 할 때는 자신이 잘못을 저질렀을 때나 남자가 잘못을 저질렀을 때, 그리고 과거에 버림받은 기억 때문에 다시 사랑하는 것이 두려울 때가 대부분이기 때문이다.

실제로 애정 관계에서 문제를 겪고 있는 많은 여성들은 남자친구나 남편이 거리를 두려 할 때 자신이 뭔가 잘못했다는 느낌을 받았다. 그리고 상대방이 더 이상 자신을 사랑하지 않는다고 생각했다. 답답한 마음을 대화로 풀어 보려고 할수록 남자는 더 멀리 달아나 버렸기 때문이다.

이렇게 인간관계 속에서 발생하는 모든 실망과 좌절은 한 사람은 너무 가까이 있으려고 하고 한 사람은 거리를 두려고 하는 것에서 시작된다. 만약 우리가 상대방과 싸우지 않고 잘 지내고 싶다면, 지나치게 가까이 다가오지도 않고 너무 멀리 가지도 않는 이상적인 사람을 찾아야 할 것이다. 그러나 그런 이상적인 사람은 존재할 수 없다. 왜냐하면 우리의 기대는 언제나 상대의 두려움을 자극하기 때문이다.

거리를 두려고 하는 사람은 이런 메시지를 보낸다. "나는 당신이 너무 가까이 다가와서 부담스럽다." 이 말은 상대가 적당한 거리를 유지하고 자신의 자율성을 인정해 준다면 좀 더 편해질 것 같다는 뜻이다. 다시 말해 싸우지 않고 행복하게 지내기 위해서는 네 행동을 고쳐야 한다는 것이다. 하지만 이런 책임 전가는 바람직하지 않다. 문제가 발생하는 원인은 가까이 있으려고 하거나 또는 거리를 두려고 하는 나 자신에게 있기 때문이다. 만약 당신이 먼저 상대방과 가까이 있고 싶은 기대를 가졌다고 하자. 그러면 상대방은 점점 더 가까이 다가오는 당신이 전적으로 자신에게 의존할까 봐 겁을 먹는다. 반대로 당신이 자유롭게 혼자 있고 싶다는 기대를 가졌다고 하자. 그러면 상대방은 혼자 남겨질지 모른다는 두려움을 갖게 된다.

결국 누군가와 가까이 있고 싶은 기대는 자동적으로 의존에 대한 두려움을 낳고, 자율적이고 싶다는 기대는 혼자 남겨질지 모른다는 두려움을 낳는 것이다.

표면적으로는 가까이 있으려고 애쓰는 사람과 거리를 두기 위해 애쓰는 사람이 서로의 입장을 고수하기 위해 티격태격하는 듯 보이지만, 그 이면에는 혼자 남겨질지 모른다는 두려움에 떨고 있는 사람과 지나치게 의존적인 관계를 두려워하는 사람이 자기 영역을 지키기 위해 고군분투하고 있는 것이다. 이러한 줄다리기는 끊임없이 상대방의 욕구를 실망시키며 상처를 낼 수밖에 없다.

상대의 두려움 속에 들어가 보라

상대방의 욕구를 좌절시키며 서로에게 상처를 내는 줄다리

인간관계에서 발생하는 모든 실망과 좌절은
한 사람은 너무 가까이 다가가려고 하고, 한 사람은 거리를 두려고 하는 것에서 시작된다.
사랑하지만 구속하지 않는 거리란 몇 미터일까.

기를 멈추고 싶다면 표면적인 갈등을 내면의 갈등으로 바꿔 볼 필요가 있다. 상대의 마음속에 싹튼 두려움을 의식해 보는 것이다. 내가 거리를 두려고 할 때 상대가 느끼게 될 버림받는 것에 대한 두려움을 의식하고, 내가 가까이 있고 싶어 할 때 상대가 느끼게 될 의존에 대한 두려움을 의식하면서 각자의 입장이 되어 보라. 그리고 상대가 두려움을 줄일 수 있도록 자신의 말과 행동을 변화시켜 보라. 어쩌면 그 변화는 사소한 행동, 짧은 말 한마디로 가능할 수도 있다.

만약 당신이 상대방과 거리를 두고 독립적인 기분을 느끼고 싶다면 이렇게 말하는 것이다. "변함없이 당신을 사랑해요. 하지만 지금 나에겐 혼자 있을 시간이 필요해요." 상대방은 갑자기 거리를 두려고 하는 당신이 섭섭하게 느껴질 수 있지만 상처는 받지 않을 것이다. 버림받을지 모른다는 자신의 두려움도 이해받고 존중받았기 때문이다.

우리 모두는 사춘기 시절 부모로부터 독립을 얻기 위해 엄청난 투쟁을 벌여 왔다. 그런데 사랑하는 사람을 만났다는 이유로 모든 걸 함께 공유해야 하는 유아기로 돌아가야 한다면 누구든 답답하지 않겠는가. 남녀를 떠나서 자율성을 갖고 싶어 하는 것은 자연스러운 본능이다.

  사랑한다는 것은 두 사람이 똑같은 걸 느끼고 똑같이 생각하는 것이 아니라 서로 다른 두 사람이 조화를 이루며 살아가는 것이다. 그 사람을 내 옆에 두고 마음대로 하는 게 사랑이라고 생각해서는 안 된다.

사랑에
매달릴수록
사랑은
멀어진다

> 사랑하기 위해서는 자신이 잃은 것에 대해
> 절망할 줄 아는 존재가 되어야 한다.
> _앤드류 솔로몬, 「한낮의 우울」

　싸우는 연인들의 대화를 가만히 들어 보면 '너 때문에'라는 말이 자주 등장한다. '너 때문에 늦었어', '너 때문에 화가 나', '너 때문에 망했어'. 이 말을 들은 상대방은 진짜 억울한 일을 당한 것처럼 흥분해서 소리친다. '나야말로 너 때문에 망했어'라고. 그러면 '너 때문에'를 넘겨받은 쪽은 기가 차다는 듯 두 배로 크게 화를 내며 울부짖는다. '너 때문이라고. 모르겠어? 제발 한 번이라도 네 잘못을 인정해!'

그렇게 '너 때문에'로 시작되는 연인들의 싸움에는 끝이 없다. 그들은 서로 자신이 더 큰 희생자라고 외치며 서로 책임을 지지 않기 위해 안간힘을 쓴다.

반대로 '너 때문에'가 행복을 줄 때도 있다. '네가 내 곁에 있어서 행복해'라는 말로 사랑을 속삭일 때, '네가 없으면 난 빈껍데기야'라는 말로 존재감을 확인시켜 줄 때 연인들은 기꺼이 상대의 감정에 책임을 지려고 한다. 그러나 부정적이든 긍정적이든, 나의 감정이 다른 누군가의 행동으로 인해 결정되는 것은 두 사람 모두에게 치명적일 수 있다. 다른 사람에게 자신의 행복과 기쁨, 슬픔, 고통을 모두 의존하고 있다는 의미이자, 혼자서는 행복할 수도, 즐거울 수도 없다는 의미이기 때문이다. 이러한 정서적 의존은 사랑하는 관계일수록 강하게 나타난다.

'네가 있어서 난 행복해'는 '절대 날 떠나면 안 돼'와 같은 말이다

엠마는 심한 우울증을 앓고 있었다. 그녀의 남편은 다정하고 가정에도 충실한 편이었는데 그럴수록 엠마는 더 큰 사랑을 원했다. 구멍 난 항아리처럼 사랑을 받을수록 더 공허함을 느끼는 엠마와 최선을 다할수록 더 큰 짐을 떠안게 되는 남편은 결국 별거를 선택했다.

3개월의 별거 기간 동안 엠마는 자신의 삶을 독자적으로 꾸려 나가고 스스로의 감정에 책임을 져야 하는 과제를 넘겨받았다. 혼자 있는 시간이 길어질수록 그리움과 외로움에 고통스러웠지만, 자신이 그동안 남편에게 얼마나 많은 책임을 전가해 왔는지 깨달을 수 있었다. 그리고 자신의 감정에 집중하고 내면의 목소리에 귀를 기울이는 연습을 할 수 있게 되었다.

그러나 독립적으로 결정하고 자신의 감정에 책임을 질 줄 알았던 그녀의 모습은 남편과 재결합한 지 반년이 지나자 사라져 버렸다. 처음 6개월 동안 그녀는 충분히 사랑과 존중을 받고 있다고 느꼈다. 남편과 함께하는 생활에 만족했고 마치 연애를 시작하던 때로 돌아간 것처럼 설레었다. 눈을 마주보며 웃는 것만으로도 서로의 사랑을 확인할 수 있었고 작은 배려에도 감동을 받았다. 하지만 일상생활이 반복되면서 행복은 다시금 줄어들었다. 그녀는 어느 저녁 업무에 치여 그저 쉬고 싶어 하는 남편에게 섭섭함을 느꼈다. 어떤 날에는 자신이 모르는 사람과 안부 전화를 주고받고, 자신의 말에 건성으로 대답하는 그가 원망스러웠다.

'남자는 복종을 힘들어하고 여자는 뭔지 모를 결핍을 갖고 있다'라는 라캉의 말처럼 그녀는 자신의 원인 모를 결핍감을 채우기 위해 끊임없이 사랑을 원했다. 하지만 오직 남편의 애정을 통해서만 자신의 가치가 빛을 발할 수 있다는 믿음은 그녀를 더욱 나약한 존재로 만들고 말았다. 결국 그녀는 다시 남편에게 의존하고 매달리는 예전의 엠마로 돌아가 버렸다. 그녀의 머릿속은 사랑이 깨질지 모른다는 두려움으로 가득 찼고 다시 우울증에 빠졌다.

기대하기 때문에 상처받는 것이다

우리는 결혼을 하거나 연애를 하면 지금까지 그 누구에게도 바라지 않던 '기대들'을 품기 시작한다. 상대방에게 특별한 사람이 되길 원하고 그가 불완전한 자신을 완벽하게 채워 주기를 기대한다. 그 기대가 실망이 되고 미움과 원망으로 이어져 엄청난 고통을 안겨 줄 때까지 그 간절한 바람을 포기하지 못한다.

이런 갈등은 오랫동안 친구 관계로 지내다 결혼한 사람들에게서 더 자주 발생한다. 그들은 그토록 이성적이고 사리분별이 확실했던 상대가 사사건건 간섭하고 자기의 생각을 강요하며 어떤 말도 들으려 하지 않는 사람이 됐다는 것에 충격을 받는다. 만약 그들이 친구로 남았다면 그런 일은 없었을 것이다. 그들은 여전히 좋은 친구이자 서로의 고민상담가 역할을 했을 것이고, 갑자기 약속을 취소해도 괜찮다며 웃어 주고 깜박 생일을 잊어도 오래 마음에 담아 두지 않을 것이다. 그러나 사랑하는 사이라면, 생일을 잊는다는 것은 죽을죄를 저지른 것이나 다름없다. 나를 존중하지 않은 것은 물론 둘 사이의 신뢰를 깨부순 용서할 수 없는 일인 것이다.

물론 친구 관계와 연인 관계는 같을 수 없다. 관계가 달라지면 서로의 역할과 욕망도 변하는 게 당연하다. 하지만 친구 사이에서도 따지지 않았던 '내가 얼마나 더 받고 있나'라는 계산법이 사랑하는 사람에게 적용된다는 건 아무리 생각해도 이해할 수 없는 일이다.

우리는 사랑한다는 이유로 과도한 기대와 사랑을 요구한다. 그리고 그 기대가 좌절될 때 모든 책임을 상대에게 뒤집어씌우고 분노한다. 자기 탓이 심한 사람들도 유독 사랑하는 사람 앞에서는 남 탓의 달인으로 돌변하는 경우가 많다. 너는 나에게 특별한 사람이니까 너만은 나를 특별하게 대할 의무가 있다는 믿음으로 상대방을 몰아붙인다.

결국 '너 때문에'는 '너에게 거는 기대'와 같은 말이다. '네가 있어 행복해'라는 말에는 '네가 없으면 난 불행해', '절대 날 떠나지 마'라는 메시지가 숨어 있고, '너 때문에 상처받았다'라는 말 속에는 '내 고통에 대한 책임은 너에게 있다'라는 메시지가 숨어 있다. 그리고 그 메시지 속에는 자기 자신이 아니라 '네가' 달라져야 한다는 강한 기대가 담겨 있다.

즉 '너 때문에'라는 말에는 '맨날 꾸물거리고 약속 시간에 늦는 너 때문에, 상의하지 않고 늘 혼자서 독단적으로 결정하는 너 때문에, 무뚝뚝하고 배려 없는 너 때문에'와 같은 수많은 원망과 '평생 한결같이 나를 사랑해 주고, 한없이 다정하고, 사랑 표현을 아끼지 않아야 한다'는 엄청난 기대가 모두 포함되어 있는 것이다. 이런 상황이 계속된다면 결국 두 사람 모두 상처를 받을 수밖에 없다. 한 사람은 기대가 받아들여지지 않아서, 다른 한 사람은 납득할 수 없는 비난과 비판이 괴로워서.

결국 '너 때문에'로 시작하는 말은 상대에게 칼과 방패를 준비하게 한다. 그 역시 상처받지 않기 위해서 자신을 보호하게 되기 때문이다.

'나 때문에' 행복한 사람이 되라

 누군가와 함께 있어야 행복을 느끼는 사람들이 있다. 헤어진 연인을 잊기 위해 허겁지겁 새로운 연인을 만나고 혼자 있는 시간을 견디지 못해 끊임없이 전화를 건다. 다른 사람과 연결되어 있다는 사실을 확인해야 안심하는 그들에게 어쩌면 자립이라는 말은 가혹한 벌인지도 모른다. 그런데 이것이 혼자 있기 싫어하는 것에 그치지 않고 '타인에 대한 의존'으로 확대되면 문제는 심각해진다. 그들은 단순히 외로움을 견디지 못하는 게 아니라 자신의 기분과 감정, 미래를 상대와 동일시한다. 상대방의 기분이 좋으면 자신도 좋고 상대방의 기분이 나쁘면 자신도 나쁘다는 식이다.

 얼핏 보면 엄청나게 사랑하는 관계 같아 보이지만 알고 보면 엄청나게 피곤한 관계다. 상대에게 자신의 감정을 의존하는 사람은 자기 감정에 대한 책임까지도 남에게 전가하는 경향이 있다. '네가 우울하면 나도 우울해'라는 말에는 '내가 우울한 이유는 너 때문이야'라는 의미가 담겨 있는 것이다. 그리고 모든 것이 상대방의 감정에 좌우되기 때문에 상대방이 없는 삶에 대한 두려움도 크다. 그래서 상대에게 자유를 허락하지 않는다. 물론 자신의 생활도 완전하게 그에게 귀속되고 싶어 한다. 하지만 그렇게 한다고 해서 두 사람이 하나로 이어지는 것은 아니다.

  사랑에 매달릴수록 사랑은 멀어진다. 의존하는 마음은 상대에게 거부당할 때 그대로 상처가 된다. 내 마음속에 존재하는 얽히고설킨 실타래를 풀 수 있는 유일한 사람은 바로 '나'라는 것을 잊지 말아야 한다. 그래야만 사랑하는 사람과 나쁜 감정을 품은 채 헤어지지 않고 오래도록 함께할 수 있다.

왜
그 사람과 나는
행복할 수
없었을까?

> 슬픔이 한 번도 본 적 없는 거대한 모습으로 눈앞을 가로막더라도
> 놀라지 마십시오. 그리고 믿어야 합니다. 삶이 당신을 잊지 않았다는 것을.
> 당신의 손을 꼭 잡고 있다는 것을. 결코 그 손을 놓지 않으리라는 것을.
> _라이너 마리아 릴케, 「젊은 시인에게 보내는 편지」

헤어진 연인이 새로운 사람을 만나 사랑을 시작했다는 말을 듣는다면 왠지 상처를 받은 것만 같은 기분을 느끼게 될 것이다. 헤어진 지 수년 또는 수십 년이 지난 관계라고 해도 마찬가지다. 나와는 이루어질 수 없었던 사람이 다른 사람을 만나 행복하게 지내는 것을 보면 알 수 없는 분노가 마음속에서 일렁인다. 버림받은 경우라면 그 분노가 더 크겠지만 헤어지자고 선언한 사람이라고 해도 썩 유쾌한 경험은 아닐 것이다.

내가 그 여자보다 부족한 게 뭘까요?

이혼한 지 10년이 지난 부부가 있었다. 별거 기간까지 합치면 남남처럼 각자 생활한 지가 무려 15년이나 된 사람들이었다. 그런데 여자는 최근 전 남편이 새로운 사람을 만나 결혼한 상황을 견디지 못하고 있었다. 그녀는 상처받은 것은 물론 여전히 남편에게 화가 나 있었다. 전 남편의 결혼은 몸속에 바늘이 들어간 것처럼 혈관을 타고 돌면서 시시때때로 그녀를 찌르고 있었다. 나는 그녀에게 전 남편과 재결합하고 싶었는지 조심스럽게 물었다. 그러자 그녀는 손사래를 치며 단호하게 "아뇨!"라고 말했다. 그리고 남편에 대한 애정은 이미 수년 전에 말라 버렸노라고 강조했다. 그런데 그녀는 왜 남편의 재혼에 그토록 분개하는 걸까. 자녀들조차 새어머니를 편하게 느끼고 있는데 그녀에게는 왜 그 일이 여전히 마음을 다치게 하는 문제일까. 그것은 어쩌면 자신과 행복하게 끝내지 못한 남자가 다른 여자와 함께 행복해지는 것을 견디지 못하기 때문일 수 있다. 하지만 내가 발견한 더 근본적인 원인은 이혼에 이른 책임이 자신에게 있을지 모른다는 두려움이었다.

그녀는 행복하게 사는 전 남편을 보며 생각했다. '많이 변했네. 그토록 부주의하고 퉁명스럽던 사람이 저렇게 다정해지다니.' 그런데 그 순간 뭔가 다른 생각이 불쑥 끼어들었다. '정말 그가 변한 걸까? 그는 원래 그런 사람인데 나와 함께 있어서 그 정도밖에 안 됐던 것은 아닐까? 새 아내가 훨씬 더 사랑스러워서 저절로 훌륭한 남편으로 거듭나게 된 건 아닐까?' 꼬리를 물고 이어지는 의문들은 그녀를 실패자로 몰아갔다. 그리고 다음과 같은 결론에 이르게 했다. '다른 여자와 잘 지낼 수 있는 사람이라면 나와도 잘 지낼 수 있었다. 그런데 우리는 헤어졌다. 그렇다면 잘 지내지 못한 것은 나 때문인 것이 분명하다.' 그런 생각이 들자 실패했다는 두려움이 파도처럼 밀려들기 시작했고, 재혼으로 행복한 생활을 하게 된 남편을 사사건건 트집을 잡게 된 거였다.

자기 비하는 이제 그만!

　자기 반성은 우리를 성장하게 하고 더 나은 사람으로 만든다. 하지만 자기 비난과 자기 회의는 자존감을 갉아먹고 상처를 낸다. 이 상처가 더 아픈 것은 바로 자기 자신에게서 오는 것이기 때문이다. 자기 스스로 자신의 가치를 폄하하고 모욕을 줌으로써 긍정적인 생각을 가로막는 것이다.

이혼 후 전 남편과 평화적인 관계를 유지하던 그녀는 다시 별거하던 과거로 돌아가 남편으로 인해 스트레스를 받고 괴로워했다. 나는 그녀에게 당신은 실패자가 아니라고 말해 주었다. "관계가 깨지는 건 어느 한 사람의 문제가 아니에요. 양쪽 모두에게 똑같이 책임이 있죠. 당신이 지금 해야 할 일은 전 남편의 새로운 배우자와 자신을 비교하는 일을 멈추는 거예요."

그녀가 스스로를 폄하하는 생각을 갖고 있는 한 상처는 계속될 것이다. 하지만 단 한 순간이라도 자신을 긍정적으로 바라보는 경험을 한다면 마법처럼 상처는 쉽게 아물 수 있다. 그걸 위해서라면 견디기 힘들었던 배우자의 단점들을 떠올리고 맹렬히 비난해도 좋다. 그것이 당신의 마음에 평화를 되찾아 준다면 말이다.

심리학자 마틴 셀리그만은 자신의 책『긍정심리학』에서 부정적인 과거의 기억으로부터 벗어나는 방법으로 '감사'를 제안한다. 그의 말에 따르면 "감사하는 마음은 생활의 만족도를 높여 주고, 좋은 일에 대한 기억을 자주 떠올리게 해 긍정적인 감정을 되살려 준다"고 한다.

상처로부터 벗어나는 과정도 이와 비슷하다. 현재의 결과가 좋지 않다고 해서 지나온 과정이 모두 나쁜 것들로만 채워진 것은 아니다. 머릿속에 존중받았던 기억, 사랑받았던 기억이 차지하는 자리가 점점 커진다면 마음의 상처가 우리를 괴롭히는 일도 점점 줄어들 것이다.

누구의 삶도
완벽할 순 없다,
그래서
인생이 재미있는 것이다

> 정말로 자기 자신을 바라볼 시간이 있는 사람은 결코, 아무도 없다.
> 대부분의 사람은 다른 사람들에게서 눈을 찾는다.
> 그것으로 자기 자신의 모습을 보기 위해.
> _프랑수아즈 사강, 『한 달 후, 일 년 후』

'인간은 욕망하는 존재다'라는 라캉의 말처럼 욕망은 인간의 본질이며, 무의식적 반응이다. 매 순간 우리는 지금보다 나은 다른 무엇이 되길 바란다. 더 많은 돈을 버는 사람이길, 더 아름다운 사람이길, 더 성공하길, 그래서 남보다 더 행복하기를 끊임없이 바란다. 재미있는 것은 이런 욕망의 근원에 나의 소망이 아닌 너 또는 그들의 기대가 있다는 사실이다.

한 무리의 사람들 사이에 끼어들었을 때 우리는 무의식적으로 서열을 매기고 일인자를 뛰어넘을 수 있을지 계산한다. 뛰어넘을 수 있다는 판단이 들면 그보다 더 주목받기 위해 애를 쓰고, 자신의 능력으로는 어림없다는 판단이 들면 그에게 인정받기 위해 애를 쓴다. 이렇듯 인간의 욕망은 사회적이다. 타인과의 관계 속에서 만들어지고 조종된다. 사람들은 끝없이 서로를 비교하고 경쟁하며 욕망을 채우려 하고 사회가 던져주는 기준에 부합하려고 안간힘을 쓴다.

  텔레비전에서 광고하는 아름다움, 빼빼 마른 몸매에 이목구비가 뚜렷한 여성이 되기 위해 다이어트를 하고 성형을 한다. 각종 미디어에서 찬양하는 성공의 기준, 좋은 학벌에 넓은 집, 명품 가방, 최고급 자동차를 소유하기 위해 기꺼이 현재의 행복을 양보한다. 그러나 안타깝게도 치열한 노력에도 불구하고 인간의 욕망은 충족되지 않는다. 성취하는 순간 새로운 욕망이 찾아오기 때문이다.

  더 큰 문제는 욕망과 현실 사이에서 일어나는 충돌이다. 우리는 원하는 것을 가질 수 없을 때 상처를 받는다. 그 충돌 앞에서 욕망을 수정하고 새로운 길을 찾는다면 상처는 치유될 가능성도 있을 것이다. 하지만 대부분의 사람들은 상처를 외면하고 오히려 더 욕망을 향해 돌진해 간다.

성취할수록 갈구하게 되는 끝없는 욕망에 지배당할 때 우리는 '욕망하는 것' 자체에 중독된다. 물잔이 흘러넘치는 것을 보고서도 물을 따르는 일을 멈출 수 없는 것이다.

날씬해져야만 사랑받을 수 있어!

가브리엘레는 누가 봐도 예쁘고 매력적인 여대생이다. 카페에 혼자 앉아 있으면 연락처를 묻는 남자들이 허다하고 날씬한 몸매 때문에 종종 길거리에서 사진을 찍히는 경우도 있다. 하지만 그녀가 처음부터 인기가 있던 것은 아니었다.

대학에 입학했을 무렵 그녀는 평범하고 뚱뚱한 신입생이었다. 글 쓰는 걸 좋아했고 기자가 되고 싶었다. 몸매에 대한 불만은 없었다. 부모님은 언제나 '넌 뚱뚱한 게 아냐, 얼마나 귀여운데'라고 말해 주었고 친구들 중에서도 빼빼 마른 몸으로 그녀를 좌절하게 하는 사람은 없었다. 하지만 그녀가 오래 짝사랑해 왔던 남자는 뚱뚱한 여자에게는 섹시함을 느낄 수 없다는 이야기로 그녀의 고백을 단칼에 거절했다. 마치 엄청나게 실없는 농담을 들은 사람처럼 대수롭지 않게 웃으며 퇴짜를 놓는 그 앞에서 그녀는 너무나 초라해지는 것 같은 기분을 느꼈다. 그날 이후 그녀의 삶에는 큰 변화가 생겼다. 부모님과 대화를 나누고 친구들과 일상을 공유하던 행복한 식탁이 없어진 것이다.

그녀는 유명 배우들의 다이어트 식단을 찾아 냉장고에 붙여 놓고 철저하게 지켜 나갔다. 하루에 다섯 시간씩 운동하며 칼로리에 맞춰 기계적으로 음식을 먹고 생일파티나 친구들 모임에는 아예 참석하지 않았다.

혹독한 다이어트는 확실히 효과가 있었다. 다이어트에 성공하자 자신을 거들떠보지도 않았던 짝사랑 상대가 관심을 보이며 다가왔고 사람들의 시선도 달라졌다. 사람들은 그녀를 근성 있고 자기를 가꿀 줄 아는 똑똑한 여자라고 추켜세웠다. 그녀는 칭찬을 들을 때마다 전율을 느꼈다. 한 번도 받아 보지 못했던 다른 사람들의 관심과 환대, 부러운 시선은 외모에 대한 자신감을 넘어 우월감까지 갖게 해 주었다. 만약 가브리엘레가 영화 속 주인공이었다면 여기에서 해피엔딩을 맞았을지도 모르겠다. 하지만 가브리엘레에게는 '컷'을 외쳐 줄 감독이 없었다.

그녀는 사람들의 관심과 칭찬을 받을수록 더욱더 외모에 집착했다. 다시 과거의 모습으로 돌아가는 건 죽기보다 싫었다.

그건 사랑받지 못하는 사람으로 돌아가는 거였고, 실패한 인생으로 낙인찍히는 것 같았기 때문이다.

그녀는 아몬드 한 알, 오렌지주스 한 잔의 칼로리까지 계산하며 음식을 먹었고 식욕을 참지 못하고 머핀 한 개를 먹었다는 사실에 심한 스트레스를 받았다. 매일 아침 체중계에 올라 몸무게가 줄어 있지 않으면 하루 종일 쫄쫄 굶기도 했다. 그러면서도 음식에 대한 집착은 점점 커졌다.

결국 그녀는 끊임없는 허기에 숨이 막힐 때까지 음식을 먹고 토해 버리는 폭식증을 보이기 시작했다. 먹어도 먹어도 배고픔은 사라지지 않았고 죄책감만 깊어졌다. 사람들과 함께 있을 때는 언제나 당당하고 자신감이 넘치는 그녀였지만 혼자 있을 때는 그 어떤 것에서도 행복을 느낄 수 없었다.

지금 이 순간에도 가브리엘레와 같은 마음으로 체중계에 올라서는 여성들이 많을 것이다. 정도의 차이는 있겠지만 많은 여성들이 '한 끼 정도는 괜찮아'라고 말하는 목소리와 '한 끼만 그렇게 먹어도 넌 뚱보가 될 거야'라고 협박하는 목소리 사이에서 매순간 전쟁을 벌인다. 44사이즈의 마른 몸매가 이상적인 미의 기준이 되면서 사회 전체가 살빼기를 종용하고 있다. 실제로 전 세계 여성들의 절반 이상은 자신을 뚱뚱하다고 느끼고 있으며 체중 감량을 위한 다이어트를 하고 있는 것으로 나타났다.

물론 다이어트는 건강에 도움이 될 때도 있다. 하지만 특별히 뚱뚱한 것도 아닌데 외모 때문에 스트레스를 받고 남에게 잘 보이기 위해서, 사랑받기 위해서 다이어트를 하는 것은 거식증이나 폭식증 같은 섭식장애로 이어질 가능성이 크다. 이런 경우에는 다이어트가 삶에 활력소를 주는 운동이 아니라 그 자체가 중독의 대상이 되기 때문에 무척 위험하다.

성형도 마찬가지다. 자신감을 얼굴에서 찾으려고 하면 눈, 코, 입, 턱 어느 한 곳도 그냥 두고 보질 못한다. 만족을 모른 채 성형 자체에 중독되는 것이다.

이성을 마비시키는 욕망, 불안, 중독의 삼중주

중독은 욕망하는 것이 이루어지지 않았을 때 느끼는 깊은 실망과 좌절, 상처에 대한 반응이다. 삶이 자기가 원하는 것을 허락하지 않는다 싶으면 어떻게든 그걸 얻기 위해 눈에 보이는 다른 것들을 탐욕스럽게 갈구하는 것이다. 그것은 마치 세상을 자기 마음대로 조종하겠다고 심술을 부리는 것과 같다.

그 심술이 허세가 아님을 증명하기 위해서 그들은 언제든지 삶에서 등을 돌릴 준비를 한다.

가브리엘레의 경우도 그랬다. 섭식장애로 심리 치료를 받는 동안 나는 그녀가 자신의 삶에 실망하고 상처를 받았다는 것을 충분히 느낄 수 있었다.

그녀는 음식점에 가면 이렇게 주문한다.

"나는 살찌지 않는 샐러드를 원해요. 햄은 넣지 말고, 대신 치즈와 토마토를 넣어요. 드레싱은 기름이 적은 걸로 주세요. 그렇다고 과일을 간다거나 크림을 넣는 건 싫어요. 드레싱 소스는 작은 접시에 따로 담아 주시고 샐러드는 식욕을 불러일으키는 특별한 문양이 있는 접시에 담아 주세요. 마늘을 빼고 대신 버섯을 많이 넣어 주면 좋겠어요."

만약 웨이터가 주문 내용과 똑같은 샐러드를 만들 수 없다고 하면, 그녀는 "아, 알았어요. 그럼 메뉴에 있는 샐러드를 갖다 줘요. 먹을 수 있는 것만 먹죠, 뭐"라고 말하지 않는다. 그녀는 다음과 같이 말한다.

"그래요? 그렇다면 나는 아무것도 먹지 않겠어요."

이 상황을 다른 말로 옮기자면 이렇다. 내가 제시하는 조건과 규칙에 따르지 않으면 나는 차라리 굶겠다. 이런 식으로 그녀는 실제로 굶고 있으며, 이것은 그녀가 갖고 있는 섭식장애의 표현이기도 했다.

사랑하는 사람에게 차인 그녀의 상처는 더 많은 사람에게 사랑받고, 더 많은 사람에게 관심을 받으려는 욕망을 불러일으켰다. 이 욕망은 결코 완벽하게 채워질 수 없기 때문에 실망과 상처는 깊어질 수밖에 없다.

중독이라는 가짜 진통제에 빠지지 마라

이렇듯 욕망이 실현되지 않아 깊은 좌절을 겪은 사람들은 삶의 규칙으로부터 등을 돌리고 자기 방식대로 살겠다고 심술을 부린다. 그 형태는 굶기, 폭식, 구토뿐만 아니라 알코올, 약물, 게임, 일, 섹스, 관계 중독에 이르기까지 다양하다. 그들은 자기 인생이 망가지고 있는 것 같은 불안을 느끼지만, 그럴수록 중독에 빠져 상처를 회피하려 하고 사람들과 어울리지 않으며 다른 사람에 대해 아무것도 알려고 하지 않는다. 불안과 두려움을 마주하는 것보다 중독에 빠지는 게 더 안전하게 느껴지는 것이다.

하지만 중독이 주는 거짓 위안을 진통제 삼아 삶을 외면한다면 자기 인생을 망치고 있다는 불안에서도 끝끝내 벗어날 수 없을 것이다. 폭식증 환자들이 음식을 다시 게워 내는 것으로 마음의 안정을 찾으면서도 언젠가 자신이 변기 옆에 쓰러져 죽고 말 거라는 두려움에 떠는 것처럼 말이다.

삶과 세상에 대한 부정적인 시각을 긍정적으로 바꾸는 것은 어려운 일이다. 일단 자신이 생각하는 것보다 훨씬 더 많은 흥미로운 것들이 우리의 삶 속에 숨어 있음을 믿어야 하고, 그것을 체험할 준비가 되어야 한다. 그리고 이 모든 것은 스스로 노력해서 얻어야 한다. 행복이란 내가 스스로 한 걸음 한 걸음 내딛을 때 가까워지기 때문이다. 중독에서 벗어난 후 얻게 될 자유롭고 충만한 삶은 그 노력에 대한 충분한 보상이 될 것이다.

싫어하는 샐러드에도 입에 맞는 맛있는 재료가 한 가지쯤은 들어 있게 마련이다. 비록 삶이 우리가 추구하는 것과 다른 것을 제공하더라도, 완전히 빈손으로 떠나는 것으로 저항하지 말길 바란다. 거기에도 기대하거나 예측할 수 없었던 가치가 있을 수 있기 때문이다.

사랑이
끝난 것이지
인생이
끝난 게 아니다

> 만일 당신이 상처받지 않을 만큼만 사랑한다면
> 당신이 받은 상처는 결코 치유되지 않을 것입니다.
> 오직 더 크게 사랑할 때만이 상처는 치유될 것입니다.
> _마더 테레사

우리는 사랑하는 사람에게 거부당했을 때 가장 심하게 상처받는다. 상대에 대한 애정이 아직 많이 남아 있는 상태라면 고통만큼 증오심도 커진다. 그래서 많은 범죄소설들이 실연의 상처를 기반으로 시작되는 것이리라.

사랑하는 사람에게 거부당한 상처가 클 수밖에 없는 이유는 믿음 때문이다. 그가 먼저 안녕을 말하며 호의와 배려를 거둬들이는 일은 없으리라는 믿음, 언제까지나 나를 사랑할 거라는 믿음이 견고했던 관계일수록, 그에게 의지하고 사랑받았던 시간이 종료되고 그동안의 모든 추억들이 신기루처럼 사라지는 것을 견딜 수 없어 한다.

이럴 때 받는 마음의 상처는 자존감을 약화시키고 열등감을 키운다. 거부당한 이유를 자기 자신에게서 찾는 것이다. 자신이 뭔가를 잘못해서, 성격이 나쁘거나 외모가 못나서 사랑받지 못하는 거라고 생각하고 자괴감에 빠진다. 게다가 헤어진 상대가 얼마 지나지 않아 새로운 사랑을 시작하기라도 하면 열등감은 더욱 깊어진다. '왜 그는 나를 버리고 그 사람을 선택한 거지?' '그 사람의 어떤 점이 나보다 나은 거지?'라고 되뇌며 스스로를 새로운 연인보다 부족한 사람으로 규정하고 괴로워한다. 이런 과정이 반복되면 스스로를 보잘것없는 사람으로 깎아내리고 자격지심에 빠진다.

"나는 오래 사랑할 상대가 못 되는가 보구나, 난 매력이 없구나."

그리고 자신감이 약화된 우리는 슬픈 마음에 이런 결론을 내려 버린다.

"나는 가치가 없다. 날 사랑해 줄 사람은 아무도 없을 거야."

상처받는 것이 두려워서 사랑을 거부하는 사람들

실연의 상처가 깊을 수밖에 없는 이유는 이렇게 혼자 힘으로는 극복이 불가능할 만큼 자존감에 상처를 입기 때문이다.

특히 어린 시절 부모에게 거부당한 경험이 있는 사람은 연인에게서 부모와 비슷한 점을 발견하면 그것이 아무리 사소한 것이라도 실연을 당한 것처럼 고통받는다.

내 친구의 어머니는 친구에게 화가 나면 자기 딸의 사진을 뒤로 돌려놓았다. 그리고 갈등이 해결되면 사진을 다시 원위치로 하고 그녀를 안아 주었는데, 그때마다 친구 앙겔리카는 알 수 없는 분노와 슬픔을 동시에 느꼈다. 그녀에게 사진이 돌려져 있는 것은 매몰찬 거부와 외면을 의미하는 것이었다. 그녀가 서른다섯 살이었을 때 남자친구가 그녀와 다툰 후 사진을 돌려놓은 적이 있다. 그 장면을 본 순간 그녀의 머릿속에는 전광석화처럼 어린 시절의 기억들이 떠올랐다. 남자친구는 장난이었다며 웃어넘겼지만 그 일은 그녀의 마음에 깊은 상처를 주었다. 결국 그들은 몇 주 후에 헤어지고 말았다. 그리고 그녀는 어머니가 그랬던 것처럼, 남자친구가 사진을 돌려놓았던 장면을 지금도 잊지 못하고 있다.

자존감의 토대가 내려앉으면 인생의 여정을 계속 이어 갈 생각도 하지 못하고 더 이상 자기 자신으로 머물러 있지 못한다. 삶에 대한 의욕을 잃어버릴 정도로 깊은 열등감에 빠질 수도 있는 것이다. 그와 동시에 사랑을 거부한 사람은 철천의 원수가 되고 세상에서 가장 잔인한 사람이 된다.

자신을 버린 옛 애인에게 악다구니를 쓰거나 어떤 식으로든 복수를 해본 경험이 있다면 알 것이다. 누군가를 증오하는 게 그때처럼 정당하게 여겨지는 순간도 드물다. 상대를 경멸하고 무시하고 독한 말을 쏟아낼수록 나의 고통은 줄어드는 것 같고, 그제야 모든 게 공평해지는 후련한 느낌도 든다. 하지만 겪어 본 사람이라면 알 것이다. 그런 마지막이야말로 정말 찜찜한 이별이라는 걸.

홀가분함은 잠깐의 착각일 뿐이다. 열등감은 금세 다시 고개를 내밀고 자신을 초라하게 만들며 상대에게 끝내 멋진 사람으로 기억되지 못했다는 자책감에 마음은 더 괴로워진다. 결국 상대에게 똑같은 상처를 주는 식의 복수는 헤어짐에 있어서 가장 중요한 단계, 상대와 내가 완전하게 분리되는 것을 가로막는다. 그의 손을 놓고 스스로 온전히 홀로 설 수 있는 기회를 놓치게 되는 것이다.

하지만 악담을 퍼붓기 전에 자신을 존중하고 자신의 감정과 욕구를 찬찬히 들여다볼 수 있다면 우리는 고통스럽기는 해도 거부당하는 상황을 좀 더 건설적으로 다룰 수 있을 것이다. 한네와 베른트처럼 말이다.

화가 날 때일수록 솔직해져라

한네와 베른트는 여행지에서 처음 만난 순간 서로에게 한눈에 반했다. 첫 데이트 이후에는 아주 열렬한 관계로까지 발전했다. 마치 전구에 불이 켜지는 것처럼 순식간이었다. 그렇게 그들은 서로에게 강하게 끌렸고 그 감정을 숨기지 않고 즐겼다. 그녀는 확신했다. 헤어 나올 수 없는 운명적 사랑에 빠진 거라고. 그러나 몇 주가 지나자 그의 태도는 소극적으로 변했고 그녀는 그런 변화가 불안해졌다. 며칠 시간을 두고 조심스럽게 그를 살피던 그녀가 무슨 일이 있는 거냐고 물었다. 그는 이렇게 대답했다.

"우리 감정이 정말 사랑이었던 건지 잘 모르겠어."

그녀는 엄청난 충격을 받았다. 자신은 운명이라고 생각했는데, 그는 사랑인지조차 확신할 수 없다니. 그녀는 충격과 슬픔이 너무나 커서 아무런 생각도 할 수 없었다. 그를 비난하지는 않았다. 그저 더 이상 상처받기 전에 그 자리를 뜨고 싶은 생각뿐이었다. 두 사람은 당분간 떨어져 있으면서 생각을 정리해 보기로 했다.

혼자 있게 되자 비로소 그에 대한 원망과 비난이 밀려오기 시작했다. 달콤한 말로 유혹하며 세상 모든 것을 다 바칠 듯 적극적으로 구애하던 사람이 이제와 사랑인지 아닌지 헷갈린다니, 이 얼마나 무책임한 일인가. 그의 사랑은 모두 가짜였나. 내가 감쪽같이 속은 걸까. 그렇게 슬픔을 터뜨리다 보니 자신이 우는 것이 그에 대한 실망 때문인지, 아니면 비슷한 과거의 상처 때문인지 구분하기 어려웠다. 울음을 그친 뒤에야 슬픔의 원인을 어렴풋이 깨달을 수 있었다. 그것은 버림받는 것에 대한 두려움이었고, 한편으로는 그를 잃게 되는 것에 대한 두려움이었다.

그녀는 여전히 그를 사랑하고 있었다. 그래서 그를 영영 잃기 전에 후회하지 않을 만큼 노력해 보기로 했다. 친구들을 만나 고민을 이야기하면서 그녀는 그가 언제나 호의적이고 따뜻한 태도로 자신을 대했다는 것을 깨달았다. 그의 사랑이 모두 거짓은 아니었다는 걸 느끼자 마음이 점점 안정되어 갔다. 어떤 증오도 그녀의 슬픔에 독을 뿌리지 않았고 그녀는 자신에게 집중할 수 있었다. 단 며칠 만에 그를 운명의 상대라고 생각해 버린 것이 얼마나 성급했던 건지도 느낄 수 있었다.

며칠 후, 그녀는 자신의 이야기를 그에게 털어놓았다.

"처음 당신을 만나 사랑에 빠졌을 때 나는 격렬한 파도 위에서 서핑을 하는 기분이었어. 너무나 짜릿하고 격렬했지. 당신이 사랑인지 아닌지 모르겠다고 말한 순간에는 느닷없이 해안으로 내동댕이쳐진 것 같은 기분을 느꼈어. 모래에 살갗이 베인 것처럼 너무 고통스럽더라. 그런데 아주 나쁜 일만은 아니었어. 나는 그제야 내가 열렬한 사랑에 마취됐었다는 걸 깨달았거든."

그녀의 고백에 그는 마음이 한결 홀가분해졌다. 왜냐하면 그녀가 운명이라는 말을 한 순간부터 왠지 모를 부담감에 괴로웠기 때문이다. 그녀가 자신에게 의지할수록 자신의 진짜 모습, 조금은 냉정하고 무뚝뚝한 모습을 보이면 안 될 것 같았다. 그러나 그런 부담감이 사라지자 그녀를 다시 긍정적인 마음으로 볼 수 있게 됐다. 그녀를 행복하게 해 주어야 한다는 과도한 의무감을 가질 필요가 없었기 때문이다.

남자든 여자든, 사랑이 거부당하면 자신의 가치가 떨어진 것 같은 기분을 느낀다. 그때 자존감이 흔들리거나, 상대방에 대한 왜곡된 시각과 분노에 휩싸여 감정을 낭비하지 않으려면 자신의 가치를 제대로 다시 세우는 것이 정말 중요하다. 여성은 여성의 가치를, 남성은 남성의 가치를 스스로 바로 세워야 한다.

단지 사랑에 실패했을 뿐이다, 인생이 끝난 게 아니라

언젠가 '상처받지 않는 방법'에 대한 강연을 끝냈을 때, 한 여성이 무대 뒤로 찾아왔다. 그녀는 만약 남편이 자기를 젊은 여성과 바꾸게 된다면 그 일에 어떻게 대처해야 할지에 대해서 물었다. 그녀는 헤어지거나 버림받는다는 말 대신 '바꾼다'는 말을 썼다. 마치 오랫동안 사용한 엔진을 더 빨리 작동하는 새로운 엔진으로 교환하는 것처럼 말이다. 그 단어의 배후에는 자의식 있는 여성이 아닌, 상처받고 가치가 폄하된 여성이 숨어 있었다. 그리고 감정이 없고 이기적인 남자에 대한 부정적인 이미지도 들어 있었다.

여성은 남자와 함께 있지 않아도 충분히 가치가 있다. 반드시 결혼을 해야 인생이 완벽해지는 것은 아니며 사랑에 실패하는 것이 '세상이 끝장나는 슬픔'도 아니다. 아울러 사랑을 먼저 저버린 남자를 전적으로 나쁘다고 매도하고 부정적으로 생각하는 것도 자신을 위해 좋지 않다. 끝없이 미워한다는 것은 괴로운 경험을 영원히 잊지 못한다는 것이기 때문이다.

누군가에 의해 사랑을 거부당하고 무시당한 경험은 우리의 자존감에 깊은 충격과 상처를 입힌다. 아무리 발버둥 쳐도 열등감의 늪으로 빠져들어 가는 것을 막을 수 없고 가까운 사람과 관계가 깨졌다는 사실, 버림받았다는 사실에서 오는 온갖 고통과 슬픔에서 벗어날 수 없다. 하지만 그 늪에 빠져서 가라앉을지, 아니면 나뭇가지를 잡고 빠져나올지는 우리 자신에게 달려 있다.

사람은 누구나 실연의 상처를 겪는다. 하지만 그 슬픔에 대처하는 방법은 각기 다르다. 열등감에 사로잡혀 자기만의 동굴 속으로 들어가 관계를 단절해 버리는 사람이 있는가 하면, 아픔을 느끼는 것이 두려워 상처 위에 흙을 덮어 버리고 잊어버리려는 사람도 있고, 정면으로 부딪쳐 상황을 개선시키려는 사람도 있다. 중요한 것은 어떤 방법이든 결과에 대한 책임은 자기 자신이 져야 한다는 것이다. 또한 말해 주고 싶은 것은 버려두고 도망치려 할수록 상처는 끝까지 쫓아온다는 사실이다. 세 살 상처가 여든까지 간다고 해도 과언이 아닐 것이다. 결국 한 번은 두려움을 마주하고 헤쳐 나가야 더 이상 아프지 않을 수 있다. 우리는 그저 몇 번 사랑에 실패했을 뿐이다. 아직 우리 안에 남아 있는 것이 여전히 더 많다는 사실을 기억해야 한다.

끝없이
되살아나는
'좀비 상처'에서
벗어나는 법

> 상처는 우리가 원하는 대로 순순히 말을 듣지 않는다.
> 상처는 자신의 방식으로, 필요한 만큼의 시간이 지나야 아무는 것이다.
> ―대니얼 고틀립, 「샘에게 보내는 편지」

아무리 오랜 시간이 흘러도 잊히지 않는 사람이 있다. 정신을 잃을 때까지 술을 마시고 다른 생각을 할 겨를도 없이 바빠도 불현듯 떠오르는 사람. 단 1초의 공백만 있어도 그 틈을 비집고 들어와 마음을 흔드는 사람. 그런 사람은 둘 중 하나다. 정말 사랑했거나 나에게 용서 못할 큰 상처를 주었거나. 아니면 둘 다거나.

사랑하는 사람과 헤어질 때 우리는 갑자기 들이닥친 상처를 어떻게 처리해야 할지 몰라 발을 동동 구른다. 아직 준비가 되지 않았다고 매달릴까, 정을 뗄 수 있게 더 큰 상처를 달라고 할까, 아니면 평생 그가 괴로워할 만한 복수를 할까.

이도저도 내키지 않을 때 혼자 남은 우리가 선택하는 것이 마음속에서 그를 죽이는 일이다. "나를 버린 '나쁜 놈'과는 더 이상 어떤 관계도 갖지 않겠다. 그는 나에게 죽은 사람이다. 만난 적도, 사랑한 적도 없던 사람이다."

우리는 이렇게 상대와의 관계를 단절해 버리고 아무 일도 없는 것처럼 냉정해짐으로써 상처에서도 멀어지려고 한다. 그리고 그 나쁜 놈을 쓸모없는 물건처럼 창고에 처박아 두고, 완전히 그를 무시하고 싶어 한다. 하지만 이 시도는 언제나 실패로 끝난다. 그는 잠시 밀려난 것일 뿐, 완전히 사라진 게 아니기 때문이다.

다른 사람의 입에서 그의 이름을 듣거나 함께 듣던 음악이 들려올 때, 그와 닮은 사람을 마주쳤을 때, 그 사람에게 가졌던 실망감, 배신감, 거부감 같은 부정적인 감정들이 이때를 기다렸다는 듯 튀어나온다. 그 고통이 너무 커서 우리는 다시 몸부림치기 시작한다. 다른 사람들에게 그가 한 짓이 얼마나 끔찍한 일이었는지, 그가 얼마나 차갑고 매정한 사람인지 욕을 하고, 마치 어제 버림받은 사람처럼 격렬하게 울부짖는다. 그때 해야 했으나 직접 말하지 못했던 것들을 말이다.

유배시킨 상처는 반드시 되살아난다

　유배시킨 상처가 얼마나 많은 정신적인 에너지를 빼앗는지는, 마음속 창고에 처박아 두었던 옛 연인을 만났을 때 확실히 느끼게 되었다. 그는 내가 다른 연애를 시작하고 갈등을 겪을 때마다 홀연히 나타나 새로운 연인의 옆에 앉았다. 나는 두 사람과 싸워야 했고 두 배로 큰 상처를 극복해야 했다.

　옛 연인과 그랬던 것처럼 지금 만나는 사람과도 결국 헤어지고 말 것이라는 생각이 든 어느 날, 나는 지하실에 처박아 둔 상처를 내쫓기로 결심했다. 나는 이유 없이 떠나가 버렸던 그 사람을 다시 만났다. 물론 엄청난 용기가 필요한 일이었다. 여전히 내가 그를 사랑하고 못 잊고 있다는 뜻으로 비춰질 것 같아 자존심이 상했고 구차한 기분이 들었다. 하지만 나는 현재의 사랑을 잃지 않기 위해 그를 만나야 했다.

　우리는 30분쯤 만났다. 그를 원망하거나 내가 얼마나 마음을 다쳤었는지 알리려고 하지는 않았다. 대신 그때 그에게 무슨 일이 있었던 건지 궁금하다고 했다. 그는 말이 없었고, 어쩌다 털어놓는 얘기도 속 시원한 대답은 되지 않았다. 그런데 신기하게도 그의 입장을 들어보려는 시도만으로 단단한 마음의 빗장이 조금씩 풀리는 듯한 기분이 들었다. 갈등이 해결된 것도, 상처의 본질이 사라진 것도 아니었지만 내 마음은 훨씬 홀가분해졌다. 창고에 유배됐던 그와 악수를 나누고 정식으로 이별할 수 있게 된 것이다.

어떻게 그럴 수 있었을까. 솔직히 나의 진짜 마음은 그의 변명을 듣고 싶었던 게 아니었다. 그저 여전히 나를 상처 입히는, 터뜨리지 못한 화를 쏟아내서 그에게도 똑같은 고통을 느끼게 하고 싶었다. 하지만 그를 만나고 다시금 분노와 억울함, 고통이 끓어오르는 것을 느끼는 순간, 내 머릿속에는 '이제 와서 그게 무슨 소용이지?'라는 생각이 스쳐 지나갔다. 그를 원망하고 화를 내서 나와 똑같이 상처 입히면 정말 속이 후련해질까? 아니었다. 백만 번 생각해도 대답은 '아니다'였다.

처음 유배된 상처는 그에게 받은 거였지만 시간이 지나면서 점점 더 그 상처를 키우고 곪게 한 건 나의 부정적인 감정이었다. 그가 땅에 묻힌다 해도 사라지지 않을, 오직 나만 해결할 수 있는 슬픔이었던 것이다.

유배시킨 상처는 반드시 되살아난다.
상처를 치유하기 위해서는 처음부터 고통을 다시 겪게 되더라도
한 번은 상처와 정면으로 마주해야 한다.

연애 기간 동안 우리는 수십 번 소리를 지르며 끝장을 낼 듯 다퉜고, 친구들을 통해 상대에게 바라는 것들을 전달해왔다. 나는 그가 나의 어떤 점을 싫어하는지, 뭐 때문에 힘들어하는지 알고 있었다. 알고 있으면서도 때로는 관심받고 싶어서, 때로는 정말 그를 괴롭히고 싶어서 고치지 않았다. 유배된 상처에는 그가 나에게 준 상처뿐만 아니라 끝까지 나를 받아주지 않은 것에 대한 원망, 자존심, 그리고 미안함까지 담겨 있었다. 나는 하나하나의 상처를 마주봄으로써 비로소 고통에서 벗어날 수 있었다. 과거의 연인을 다시 만나고 싶지 않다면 글로 쓰는 것도 좋다. 맞은편에 상대가 앉았다고 상상하고 자신에게 부담이 되었던 모든 것에 대해 털어놓는 것이다. 그 후에 당신이 상대방의 역할을 하면서 대답을 해 보자. 자신의 잘못을 인정해야 할 때는 박차고 일어나고 싶을 만큼 괴로울 것이다. 그러나 그에게로만 향하던 원망을 거둠으로써 비로소 마음의 고통에서 해방될 수 있을 것이다.

끝없이 되살아나는 '좀비 상처'들

어린 시절은 우리의 인생에 엄청난 영향을 끼치고 때로는 안내자 역할을 한다. 지친 영혼을 따뜻하게 감싸 주는 소울 푸드는 어린 시절 먹던 엄마의 요리와 닮은 음식이고, 남자는 어머니와 닮은 사람에게, 여자는 아버지와 닮은 사람에게 편안함을 느끼고 무의식중에 그런 사람을 선택한다. 그런데 어린 시절 각인된 기억이 억압, 권위, 비난, 무가치함, 자존감의 상실 등과 연결되어 있다면 그것은 유배된 좀비 상처로 남아 현재에도 악영향을 끼친다.

부모의 부족한 부분을 채워 주는 소유물 역할을 하며 지나친 기대를 받아 온 사람들은 최고가 아니면 쓸모없는 사람이라고 스스로를 깎아내리며 성공에 과도하게 집착하고 모든 사람을 경쟁상대로 여긴다. 그들은 동료가 자신과 비슷한 능력을 발휘하거나 더 뛰어난 결과를 내는 것을 두고 보지 못한다.

부모와 장기간 떨어져 지냈던 경험이나 다른 사람의 손에 길러졌던 경험이 있는 사람은 언제 부모로부터 다시 버려질지 모른다는 불안감과 자신은 부모에게마저 버림받은 무가치한 존재라는 비하를 하게 될 가능성이 크며, 자식에게 의존하는 부모 밑에서 자란 아이는 부모의 행복과 안녕을 위해 자신의 인생을 지나치게 희생할 가능성이 있다. 그들은 잘못된 관계 정립 때문에 '나는 나, 내 인생은 나의 것'이라는 귀중한 경험을 하지 못한다. 이 상처에서 벗어나지 못하면 어른으로 성장할 기회는 영영 사라지고 만다.

쉽게 털어놓을 수 없는 끔찍한 기억 역시 떨쳐지지 않는 좀비 상처가 된다. 가까운 사람의 죽음이나 성적 학대와 같은 충격적인 사건들은 인생을 포기하게 하기도 한다. 이런 상처들은 당사자가 쉽사리 털어놓지도 못하고 주변 사람들도 직접적으로 물어보지 않거나 알고도 침묵하는 경우가 대부분이기 때문에 악화될 수밖에 없다. 그래서 상처 입은 사람은 마음의 짐을 덜 기회, 가해자를 단죄할 기회조차 잃어버린다. 특히 성추행이나 성폭행을 당한 사람들은 수치심뿐만 아니라 죄책감과 열등감을 느끼며 자기가 잘못을 저질렀다고 착각하기도 한다. 사람을 무서워하고 아무도 믿지 않으려 하며 늘 불안에 떠는 대인기피증을 보이기도 하고, 사랑하는 사람과의 성 행위조차 거부하고, 몸을 마른 장작처럼 만들어 버리거나 위험할 정도의 비만 상태에 빠져 일부러 성적 매력을 없애려고 하는 경우도 있다.

내가 더 놀란 것은 그런 사람들이 생각보다 많다는 것이다. 본격적인 조사에 앞서, 한 병원의 상담 환자 스물다섯 명을 대상으로 설문조사를 한 적이 있다. 가벼운 농담조의 성희롱부터 강제적인 신체 접촉, 입맞춤, 성폭행까지 성추행이나 성폭력을 당한 경험이 있느냐는 질문에 단 여섯 명만이 '없다'고 대답했다. 나머지 열아홉 명은 모두 기억하고 싶지 않은 고통을 겪었다고 고백했다. 나는 다른 정신과 전문의들과의 만남을 통해 조사 범위가 넓어지더라도 비슷한 결과가 나오리라고 추측할 수 있었다.

시간이 가면 저절로 낫는 상처는 없다

상처가 끔찍할수록 꽁꽁 감추는 일은 위험하다. 억눌린 상처가 인생 전체를 파괴해 버릴 수도 있기 때문이다. 상처를 치유하기 위해서는 시간이 얼마가 걸리더라도, 설사 고통을 다시 겪게 되더라도 한 번은 상처와 마주해야 한다. 유배된 상처가 저절로 낫는 일은 없다.

동굴에 틀어박힌 유배된 상처를 끌어내기 위해서는 상처받았다는 사실을 창피하게 생각해서는 안 된다. 상처는 그 사람이 못났거나 잘못된 운명을 타고 나서 발생하는 것이 아니다. 단언하건대, 이 세상을 살아가는 그 누구도 상처를 피해 갈 수 있는 사람은 없다. 그러므로 자기 자신을 죄책감에서 풀어 주고, 자신을 사랑하는 사람들과 더 돈독한 우정을 나누면서 삶을 긍정적으로 바꿀 수 있는 일들을 기획해 보라. 상처라는 큰 파도가 우리의 인생을 잘못된 방향으로 끌고 가게 내버려 두지 말고 차라리 파도타기를 배워 버리는 것이다.

"인간에게는 고통과 병이 필요하다. 고통과 실패가 없다면 기쁨, 행복, 성공을 무엇과 비교하겠는가"라는 톨스토이의 말처럼, 삶을 더 진지하게 바라보고 가치 있게 사는 도구로 상처를 이용하라. 그러면 언젠가 이런 말을 하게 될 날도 올 거라 믿는다.

"죽을 때까지 아플 줄 알았는데, 어느새 상처가 희미해졌다. 더 지나면 사라질 수도 있을 것 같다"라고.

Chapter 3

나는 거부한다, 내게 상처 주는 모든 것들을

더 이상 다른 사람에게 기쁨과 슬픔을 의존하지 말자.
나의 능력을 판단하는 데는 다른 누구보다
나 자신이 가장 믿음직한 심판이다.

내가
아픈 만큼
똑같이 아프게 하는
복수는 없다

당신을 화나게 한 상대방에게 앙갚음을 하려고
계속 그와 입씨름을 한다면, 그것은 마치 불이 붙은 집을 내버려 두고
방화범을 잡으러 가는 것과 마찬가지 행동이다.
_틱낫한, 『화』

 이솝우화 「여우와 두루미」에 보면 납작한 접시에 콩 수프를 담아 대접한 여우에게 목이 긴 병에 음식을 담아 복수하는 두루미가 나온다. 여우와 두루미는 곧바로 서로의 처지를 배려해야 한다는 걸 깨달았지만, 만약 한 번으로 끝나지 않고 복수가 계속됐다면 어땠을까. 아마도 납작한 접시는 수프를 담을 수도 없는 볼록한 접시가 됐을 것이고 목이 긴 병은 두루미도 먹지 못할 만큼 길어졌을 것이다. 자신이 피해를 입을 수 있다

는 생각은 하지 않고 서로를 괴롭히는 데만 집요하게 매달릴 게 뻔하다는 말이다.

서로 앙갚음만 계속하다 보면 결국은 둘 다 망하게 될 게 분명한데도 왜 이런 파괴적인 충동에 쾌감을 느끼는 걸까.

내가 다친다 해도, 당한 만큼 갚아 주겠어!

마이클 맥컬러프의 『복수의 심리학』에 보면 일본원숭이들의 복수에 대한 이야기가 나온다. 영장류학자들이 일본원숭이 무리에서 일어난 1500건 이상의 싸움을 분석한 결과, 지위가 높고 강한 원숭이들에게 공격당한 원숭이는 공격한 원숭이가 볼 수 있는 곳에서 그 원숭이의 친족을 공격함으로써 복수를 한다고 한다. 이것은 '날 건드리면 네 가족도 무사하지 못할 거야'라는 뜻의 경고이자 또다시 희생되지 않으려는 저항이다. 진화심리학자들은 일본원숭이의 복수 방식이 인간의 복수와 놀라울 정도로 흡사하다고 말한다. 인간의 복수심 역시 나를 건드리면 너도 무사하지는 못할 것이라는 사실을 각인시킴으로써, 상대가 쉽게 공격하지 못하게 막기 위한 목적으로 진화해 왔다는 것이다. 그런 면에서 복수심은 인간의 자연스러운 본성 중 하나다.

복수심의 근원은 분노, 멸시, 원한, 그리고 내가 상처받은 것과 똑같이 다른 사람에게 상처를 주고 싶다는 바람이다. 누군가에게 따귀를 맞았다고 하자. 그러면 우리는 즉시 상대에게 화가 솟구치고 분노가 폭발한다. 당장이라도 상대의 따귀를 올려붙이려고 덤벼들 것이다. 그런데 그 사람이 선생님 또는 거역할 수 없는 윗사람처럼 똑같은 방식으로 응수할 수 없는 상대라면, 표출되지 못한 분노는 강한 복수심으로 남는다.

'복수는 달콤하다'는 바이런의 말처럼 복수심은 '언제가 되든 네가 받은 만큼 고스란히 갚아 주라'고 우리의 등을 떠민다. 게다가 사람들은 복수를 계획하고 마침내 원수를 갚게 되는 상황을 머릿속으로 그려 보는 것만으로도 쾌감을 느낀다.

스위스 취리히 대학팀의 연구에 따르면 인간은 자신이 손해를 보는 상황에서도 복수를 포기하지 못한다고 한다. 취리히 대학 연구팀은 열네 명의 남성들에게 '배반 게임'을 시킨 뒤, 배반당했을 때 하는 행동과 복수할 때의 뇌 활동을 조사했다. 그 결과 실험참가자들은 자신에게 피해가 돌아오더라도 대부분 복수를 감행하는 경향을 보였다. 게다가 뇌 활동은 기쁨이나 만족감을 느낄 때와 비슷한 형태를 보였다고 한다.

복수 때문에 우리는 종종 소중한 것을 잊어버린다.
복수에 눈이 멀어 고통스런 길을 가는 우리 자신을 그냥 내버려 두는 것이다.

연구 결과에서 알 수 있듯이 복수심은 상처받은 사람에게 그 상황과 상대방에 대한 통제권을 가질 수 있다는 기대감을 심어 준다. 그들은 공격적인 자신을 바라보며 '나는 힘이 세다, 자의식이 강하다'는 식의 착각에 빠짐으로써 점점 더 공격적이고 파괴적인 행동으로 빠져들게 된다.

하지만 복수는 상처를 준 사람과의 문제를 근본적으로 해결하는 것이 아니다. 다만 모욕받은 감정을 들여다보기 싫어 크게 화를 내고 있는 것뿐이다.

내가 아픈 만큼 똑같이 아프게 하는 복수는 없다

'너도 나와 똑같이 고통을 겪어야 한다'라는 생각 속에는 '균형'을 이루고자 하는 바람이 숨어 있다. 좋은 것이든 나쁜 것이든 서로 똑같은 상태가 되어야 화해도 가능하다는 심리 말이다. 하지만 잠깐이라도 누군가를 비난하고 미워하고 원망해 본 사람은 알 것이다. 그때 자신의 마음이 어땠는지. 시원했던가? 통쾌했던가? 아니다. 너무나 불편했다. 당장이라도 화풀이를 해야 속이 시원할 것 같은 일도 마음에 담았던 말을 다 쏟아놓고 나면 '이제는 내가 그 사람에게 상처를 준 게 아닐까' 하는 생각에 다시 머릿속이 엉망이 된다.

결국 파괴적인 방식으로 균형을 이루려는 것은 아무것도 해결하지 못한다. 둘 중 한 사람은 끝없이 순환하는 고리를 끊어야 한다. '내가 한 대 맞았으니 너도 한 대 맞고 화해하자'는 얼핏 보면 합리적으로 보이지만, '내가 더 세게 맞은 것 같으니 네가 한 대 더 맞아야겠다'라는 복수로 이어질 가능성이 훨씬 더 높다. 어느 한 사람은 상대방의 다친 마음을 헤아리고 '내가 때려서 아팠겠구나'라고 먼저 말해 주어야 하는 것이다. 그래야 상처 주는 악순환은 평화로운 궤도로 옮겨 갈 수 있다.

상처를 치유하는 용서

당장이라도 터질 것처럼 분노가 부풀어 오른 사람에게 용서를 이야기하는 것은 불에 기름을 붓는 격이나 다름없을 것이다. 상처받은 사람에게 복수를 하지 말라고 하는 것은 나쁜 행동을 한 사람이 처벌 받지 않고 빠져나가는 것을 그대로 지켜보라고 하는 것과 마찬가지다. 그들은 비참하고 두 번 모욕당한 기분을 느낀다. 하지만 용서는 상처를 잊어버리거나 타협하는 것과는 다르다. 상처를 준 사람들의 잘못을 면제해 주는 것이 아니라 우리의 마음에 쌓인 원망과 분노를 내려놓는 것이다. 그럼으로써 나의 분노가 다시 나에게 상처를 입히는 일을 없애는 것이다.

전 세계에서 충격적인 총기 난사 사건이 일어날 때마다 대다수 피해자들이 택한 건 복수보다는 용서였다. 가해자를 이해하기 때문이 아니라, 복수로 또 다른 고통을 낳지 않겠다는 것이다.

일상에서 느끼는 모욕감, 수치심, 분노를 다스리는 것도 다르지 않다. 우리는 종종 복수 때문에 가장 소중한 우리 자신을 잊어버린다. 나 자신이 분노에 눈이 멀어 고통스런 길을 걷게 내버려 둔다. 상처를 극복하기 위해 해야 할 일은 상처받은 나의 고통을 줄이는 것이다. 복수는 쾌감을 줄 수는 있지만 고통을 줄여 주지는 않는다. 내 마음이 지금 복수를 외친다 해도 그보다 더 간절히 원하는 것은 인생을 다시 제대로 사는 것이다. 복수를 꿈꾸며 누군가를 증오하는 인생을 살 것인가, 다시 내 삶을 되찾을 것인가. 상처를 치유하기 위해서는 이 질문에 최대한 진지하게 답해야 한다.

상처를 주게 만드는 네 가지 함정

행복을 찾고 있지만 좀처럼 행복한 순간을 누리지 못하는 사람들은
의지가 부족해서 그런 것이 아니다. 가장 큰 문제는 그들 주위의 누군가가
행복을 방해한다는 사실을 모르는 데 있다.

_크리스티안 퓌트예르·우베 슈니르다, 「기분도둑」

하버드 의대 니콜라스 크리스타키스 교수와 캘리포니아대 제임스 파울러 교수의 조사에 따르면 행복한 사람을 많이 알면 자신도 행복해진다고 한다. 행복한 이웃, 행복한 동료, 행복한 배우자, 행복한 부모·형제와 함께하는 사람이 행복해질 확률은 그렇지 않은 사람보다 20퍼센트 이상 높으며 그들의 친구의 친구에게까지 행복바이러스가 퍼진다는 것이다. 안타까운 것은 불행도 마찬가지로 전염되는데, 행복보다 불행의 전

염력이 두 배나 더 강하다는 사실이다.

나 역시 상처에 대한 연구를 하면서 상처 또한 행복과 불행처럼 전염된다는 것을 발견했다. 다른 사람의 상처가 나에게 옮는다는 말이 아니라, 다른 사람의 상처받은 마음이 나를 자꾸 상처 주는 사람으로 만들어서, 결국 나에게 상처를 입힌다는 것이다. 나의 내담자였던 레기나가 자신보다 품위 있고 아름다운 다른 내담자를 보자마자 내가 자신을 소홀하게 진료할 거라고 단정 짓고 나를 '상처 준 사람'으로 만들어 버린 것처럼, 어떤 사람들은 주위 사람들을 분명한 이유 없이 나쁜 사람으로 만들어 버린다.

나는 이것을 '상처를 주게 만드는 함정'이라고 말한다. 이 함정은 쉽게 의식하기 어려울 뿐만 아니라, 제3자가 잘못된 인과관계를 발견하고 비논리적인 부분을 분석해서 명명백백하게 말해 주기 전까지는 스스로 빠져 나오기가 쉽지 않다.

첫 번째 함정, 무조건 틀릴 수밖에 없는 '이중속박'

한 어머니가 아들에게 파란색과 흰색 셔츠 두 장을 선물한다. 아들이 흰 셔츠를 먼저 입어 보자 어머니가 말한다.

"파란색은 마음에 안 드니?"

만약 아들이 파란색 셔츠를 먼저 입었다 해도 엄마의 반응은 똑같았을 것이다. 왜냐하면 어떤 선택을 하든 자신의 기대를 완전히 충족시켜 주지는 못하기 때문이다.

이렇듯 '이중속박(double bind)'은 상대방에게 반대되거나 모순되는 요구를 해서 항상 상처를 주는 사람으로 만든다. "옷이 예쁘네요"라고 인사를 건네면 "평소에는 정말 별로였나 보군요"라고 대꾸하고, "웃는 얼굴이 예쁘네요"라고 칭찬하면 "웃지 않을 때는 못생겼군요"라고 말한다.

이것은 곁에 있는 사람을 미치게 할 수 있다. 선택하는 사람은 언제나 잘못된 말을 한 것이 되기 때문이다. 그 결과, 두 사람은 끊임없이 상처를 받고 자신이 영원한 실패자라고 느끼게 된다.

두 번째 함정, 기분에 따라 시시때때로 바뀌는 '고무줄 기준'

명절에는 준비해야 할 음식도 많고 항상 일손이 모자란다. 거실에 앉아 있던 젤다는 한창 음식 준비에 바쁜 주방에 들어가 도와줄 게 없냐고 물었다. 안주인은 주방이 좁아 세 명 이상

들어올 수 없다며 괜찮다고 사양했다. 저녁 식사가 모두 끝나고 정리할 때가 됐을 때 그녀는 다시 한 번 주방 쪽을 살폈다. 안주인을 포함해 세 사람이 그릇을 정리하고 있었다. 젤다는 그 모습을 보고 다시 거실로 가서 다른 친척들과 어울렸다. 그러나 이번에 안주인은 도와주지 않는 그녀에게 원망의 시선을 보냈다. 저녁식사가 끝나자 갑자기 주방이 네 사람이 들어갈 수 있는 공간이 된 것이다.

몸이 아프거나 기분이 좋지 않을 때 우리는 평소보다 쉽게 생각을 바꾼다. 내가 힘들어 죽겠으니 원칙 따위는 신경 쓸 겨를이 없는 것이다. 그래서 했던 말을 뒤집기도 하고 고집하던 기준을 바꾸기도 한다.

반드시 만나야 할 사람이었지만 내 몸이 힘들면 나중에 만나도 되는 사람이 되고, 자기 일은 자기가 해야 한다고 생각해 왔지만 컨디션이 좋지 않을 때는 도와주지 않고 구경만 하는 사람들이 너무 얌체같이 느껴진다. 몇몇 변덕쟁이만 심술을 부리는 게 아니라 우리 모두 몸이 힘들 때는 그렇게 한다. 오히려 자기 몸을 혹사시키면서까지 원칙을 지키려고 하는 사람이 고지식해 보인다.

그러나 문제는 바뀐 기준을 알리지도 않고 알아서 해 주길 기대한다는 것이다. 그러면 함께 있는 사람들은 피곤할 수밖에 없다. 항상 그 사람의 컨디션을 살피고 기분이 좋은지 나쁜지 눈치를 봐야 하기 때문이다.

세 번째 함정, 사랑한다면 내가 뭘 갖고 싶어 하는지 당연히 알아야지!

세 번째 함정은 '만약 당신이 나를 사랑한다면, 내가 무엇을 필요로 하는지 알고 있어야 한다. 당신이 내가 원하는 것을 해 주지 않는 것은 고의적으로 하지 않는 것이고, 나를 사랑하지 않는다는 증거다'라는 생각이다. 이렇게 생각하는 사람은 연인이나 배우자가 원하는 것을 해 주지 않으면 애정이 없다고 비난한다. 자신이 뭘 원하는지 상대방이 전혀 예측하지 못할 거라는 생각은 하지 못한다.

예를 들면 생일 선물로 여자친구는 지갑을 받고 싶었다. 그런데 남자친구는 장미꽃 백 송이를 들고 찾아왔다. 그녀는 보자마자 기분이 상했다. 그녀의 마음속에는 한 가지 생각만 계속 맴돌았다. '저 남자는 나를 몰라도 너무 모른다. 대체 날 사랑하기는 하는 걸까?'

남자친구는 남자친구대로 뭐가 필요하냐고 물어볼 때는 아무 말도 하지 않던 그녀가 자신이 애써 준비한 선물을 못마땅해 하자 마음이 상했다. 비싸다느니, 금방 시든다느니 하는 말이 이해는 되면서도 한편으로는 그러면 진작 말을 해 주지 하는 생각에 억울해졌다. 사랑한다고 해서 어떻게 속마음까지 읽어 낼 수 있겠는가 말이다.

　'사랑한다면 알아서 다 챙겨 주어야 한다'고 생각하는 사람 옆에 있는 것은 언제 터질지 모르는 시한폭탄을 곁에 두고 있는 것과 같다. 그들은 뭘 선물 받고 싶은지 절대 직접적으로 표현하지 않는다. 다만 은근슬쩍 지나가는 말로 귀띔을 해 줄 뿐이다. "지갑이 낡았어. 바꿀 때가 된 것 같아"라든가 "저 지갑 참 예쁘지"라고 말하며 상대가 눈치채 주길 기대하는 것이다. 그들은 그게 자신이 사랑받고 있다는 증거라고 믿는다. 상대가 자신과 다른 독립적인 존재라는 사실, 똑같은 상황에 처해도 무엇이 중요하고 무엇이 필요한지를 전혀 다르게 생각할 수 있다는 것은 상상조차 하지 못한다. 그래서 상대방이 자기가 원하는 것을 주지 않으면 사랑 자체를 의심하며 화를 낸다. 그러나 그것은 상대방을 끊임없이 좌절하게 만드는 전형적인 상처를 주는 함정이다. 자신이 잘못하지도 않았는데 죄책감을 느끼고 다른 사람의 생각에 끌려 다니는 사람으로 만들기 때문이다.

네 번째 함정, 내 기준에 맞춰! 그게 뭔지는 나도 모르지만
네 번째의 함정은 '내 기준에 맞춰 제대로 행동해라. 하지만 어떻게 하는 게 올바른 건지는 말해 주지 않겠다'라는 생각이다. 세 번째 함정과 마찬가지로 애정 관계에서 자주 발생하는데, 자신이 원하는 것을 말로 하지 않고 지켜만 보다가 상처를 받았다고 원망하는 것이다.

이런 생각을 가진 사람들은 무엇이 틀리고 무엇이 옳은지 말해 주지 않는다. 상대방은 그의 기준이 뭔지 알지 못하기 때문에 자기 기준대로 행동하는데, 만약 그 기준이 서로 일치하지 않으면 자신도 모르게 상처를 주는 함정에 빠지고 만다.

베라는 자신이 힘들 때 남자친구인 막스가 전화를 걸어 주고 곁에 있어 주길 기대했다. 하지만 막스는 혼자 생각할 시간을 주는 게 그녀를 위하는 일이라고 생각했다. 자신은 그 시간에 문제를 해결할 방법을 찾아보는 게 훨씬 효율적이라고 말이다. 하지만 베라는 그런 막스를 원망하며 자신에게 매번 상처만 준다고 비난했다.

"내가 힘들 때 당신은 전화를 걸어 주지 않았어요."

"내가 지칠 때 당신은 옆에 있어 주지 않았어요."

막스는 반박한다.

"하지만 당신은 옆에 있어 달라고 말하지 않았잖아."

베라는 말한다.

"그런 생각도 못해요? 그쯤은 굳이 말하지 않아도 알 수 있잖아요."

말로 하면 금방 해결될 것을 텔레파시로 보내는 사람들이 있다. 때로 그들은 상대에게 독심술을 해 보라고 하기도 한다. 하지만 투시능력은 오랜 시간을 함께한다고 해서 생기는 것이 아니며 누구도 통달할 수 없는 것이다.

이런 생각을 갖고 있는 사람들은 곁에 있는 사람을 실기 시험을 치르는 학생으로 만들어 버린다. '정답은 이미 나와 있다. 너는 그 답에 맞게 행동해야 한다'는 것이다. 상대는 끊임없이 실패하며 결국 시험 감독관의 매서운 눈초리를 견디거나, 아니면 모든 걸 포기하고 달아나거나 둘 중 하나의 선택을 할 수밖에 없다.

말로 표현하지 않는 마음은 들을 수 없다고 말하라

이 네 가지 함정들은 특별히 나쁜 짓을 한 것도 아닌데 상대를 '상처 준 사람'으로 만들어 버리고, 특별히 나쁜 일을 당한 것도 아닌데 자신을 '상처받은 사람'으로 결정지어 버린다. 문제는 그렇게 되면 영문도 모르고 '상처 준 사람'으로 낙인찍힌 상대 역시 상처를 입고 만다는 것이다. 결국 상처받은 사람이 또 다른 상처받은 사람을 만들어 내는 악순환이 반복된다.

말로 표현하지 않고 원하는 것을 들어주길 기대하고, 마음이 상한 책임을 다른 사람에게 전가하는 '상처의 함정'은 누구나 빠질 수 있다. 하지만 함정을 알아보고 그 오류에 대해 이야기할 수 있다면 충분히 없앨 수도 있다.

만약 상처를 주는 함정에 빠졌다면, 다른 사람이 상처받은 반응을 보일 때 그것에 대한 책임을 떠안지 마라. 그때의 상처는 뜨거운 감자와 같다. 쥐고 있으면 우리의 손도 벌겋게 달아오르며 상처를 입을 수밖에 없다. 그때 우리가 해야 할 일은 두 가지뿐이다. 하나는 뜨거운 감자를 피하거나 돌려주는 것. 그리고 '네가 말을 해야만 네가 원하는 것을 들어줄 수 있다'는 사실을 분명히 이야기하는 것이다.

손대지 않고
내버려 둬야 하는
상처도
있는 법이다

개들은 으르렁거리는 것으로 충분할 때는
굳이 상대를 물지 않는다. 그러나 사람들은 조용히 있으면
그렇게까지 나빠지지 않을 상황을 더 나쁘게 몰고 가는 경향이 있다.
_매트 와인스타인·루크 바버, 『우리는 개보다 행복할까?』

 누군가가 마음에 들지 않는 행동을 할 때 당신은 어떻게 하는가? 아마 대다수의 사람들이 그저 인상만 찌푸리며 고개를 돌릴 것이다. 모른 척 내버려 두는 게 상책이라는 식으로.
 그런데 만약 그 장소가 당신의 집이고, 상대방의 행동이 도저히 묵과할 수 없을 정도로 거슬리는 수준이며, 당신은 무척 예민한 성격이라면 어떻겠는가. 그때는 아마도 "너무 나쁘게 생각하지는 말아요"라고 말하며 최대한 정중하게 충고를 할

것이다. 지금 하려고 하는 얘기가 기분 나쁠 수도 있지만 절대로 당신을 깎아내리려는 의도가 아니라는 것을 전달하면서.

그렇게 상대가 받을 수도 있는 상처에 대한 책임을 미리 차단하고 일종의 면죄부를 얻고자 한다. '나쁜 의도로 한 말이 아니라고 했으니까, 당신이 나쁘게 받아들이더라도 내 책임은 아니다'라며 죄책감을 없애려는 것이다. 만약 운이 좋다면 당신의 충고는 좋은 의도로 전달되고 상대방도 자존심에 상처를 받는 일은 없을 것이다. 그러나 그런 식으로 누군가에게 비판이나 충고를 전달하는 것이 항상 성공하는 것은 아니다.

우리가 아무리 달래는 말을 써서 부드럽게 이야기한다 해도 상대가 어떻게 해석할지에 대해서는 근본적으로 영향을 미칠 수 없다. 다만 우리는 다른 사람을 존중하면서 대하려고 노력하고, 그의 가치를 폄하하거나 멸시하지 않고, 또 공격하거나 자존심에 상처를 주지 않으려고 노력할 수 있을 뿐이다.

실수한 즉시 만회하려고 애쓰지 마라

사람들은 상처를 받고 싶어 하지 않는 만큼 상처를 주는 일도 피하고 싶어 한다. 하지만 그럼에도 불구하고 우리는 자신도 모르는 사이에 다른 사람에게 상처를 줄 수 있다.

상처를 준 사실을 알았을 때 처음 갖는 감정은 죄책감이다. 만약 전혀 의도한 게 아니라면, '내가 다른 사람에게 상처를 주다니' 하고 탄식하며 충격을 받는다. 그리고 정말 미안한 표정으로 상대방을 달래려고 애쓴다. 그러나 그 노력이 반드시 받아들여질 거라고 생각하지는 마라. 그 사람은 이미 상처를 입었고, 우리는 다만 격렬한 반응이 약화되기만을 바랄 뿐이다.

상처를 준 말이나 행동이 정말 후회된다고 해도 상대방의 감정이 강렬하거나 불안정할 때는 진심 어린 사과가 받아들여지지 않을 수 있다. 미안하다는 말도, 잘못했다는 말도, 그 어떤 화해의 몸짓도 그저 화를 돋울 뿐이다. 자기 옆에 여전히 상처를 준 당사자가 있다는 것 자체가 괴로움일 수 있기 때문이다. 잘못하면 화해하려는 노력이 다시 가까워지는 것을 더 어렵게 할 수도 있다.

상처받은 사람이 심하게 흥분했을 때는 잠시 거리를 두는 것이 서로를 위해 좋다. 잔뜩 화가 난 마음은 자신이 무슨 말을 하는지도 모르고 가시 돋친 말을 쏟아내기 때문이다. 불이 활활 타오를 때는 고개를 돌리고 한발 물러서는 게 현명하다.

내가 애착을 갖고 참가하는 모임 중에 심리치료사들끼리 만나 함께 저녁을 만들어 먹는 모임이 있다. 일에 관한 이야기는 거의 하지 않고 그저 먹고 마시고 소소한 일상을 나누며 스트레스를 푸는 친목 모임이다.

그날도 한 친구의 집에서 저녁을 함께하기 위해 모임을 가졌다. 해가 막 저물기 시작한 화창한 여름날의 바람은 절로 미소가 지어질 만큼 산뜻하고 시원했다.

우리는 아직 도착하지 않은 친구들을 기다리면서 '만약 우리가 심리치료사가 되지 않았다면 어떤 직업을 가졌을까'라는 주제로 이야기를 나누었다. 맞은편에 앉아 있던 외르크는 아마 미식가를 위한 식당을 열었을 거라고 말했다. 요리를 좋아하고 맛있는 음식점을 찾아내는 것을 즐기는 그에게 딱 맞는 직업이라는 생각이 들었다.

잠시 후 동료들이 모두 도착하고 본격적인 요리 만들기가 시작됐다. 샐러드를 맡은 외르크는 능숙한 솜씨로 9인분이나 되는 과일과 채소를 씻고 다듬었다. 나는 외르크의 손을 감탄하며 바라보다 문득 꼭지를 도려내지도 않고 토마토를 써는 것을 보고 농담을 던졌다.

"미식가 쉐프가 토마토 꼭지를 떼지도 않고 써네."

결단코 나쁜 의도는 없었다. 그를 질책하거나 충고하려는 것도 아니었다. 그저 웃자고 던진 농담이었다. 나는 그가 이렇게 반응할 줄 알았다.

"하하, 꼭지가 달려 있는 걸 깜박했네" 정도······.

그러나 내 예상은 완전히 빗나갔다. 그는 당황한 듯 칼질을 멈췄고 표정은 곧 어두워졌다.

나는 당장이라도 화를 낼 것 같은 기세로 얼굴이 붉으락푸르락하는 그를 보며 내가 상처를 주었다는 사실을 느낄 수 있었다. 평소답지 않은 그의 과민한 반응에 나는 어찌할 바를 몰랐다. 미안하다고 해야 할지, 그럴 의도는 없었는데 화가 났느냐고 달래야 할지 갈피를 잡을 수 없었고, 내가 그의 기분을 잡치게 해서 오늘 모임까지 망치게 될까 봐 두렵기까지 했다.

아주 짧은 순간이었지만 내가 내린 결론은 잠시 외르크에게서 물러나 있어야겠다는 것이었다. 화가 난 이유를 납득하지 못한 채 사과하는 것은 거짓말을 하는 것이고 나중에는 그 일 때문에 나의 마음이 상할 게 뻔했다. 이유도 모르고 다른 사람에게 무조건 잘못을 비는 건 내 자존심을 다치게 할 수 있기 때문이다.

또 외르크에게 화가 난 이유를 묻는 것도 그때처럼 흥분한 상태라면 서로의 기분만 더 상하게 할 수 있다는 생각이 들었다. 나 역시 내 마음을 몰라주는 외르크에게 섭섭함이 들었기 때문이다. 그래서 오히려 내가 상처를 받은 것 같은 기분이 들기도 했다.

나는 잠시 주방을 벗어나서 마음을 진정시키려 애썼다. 그리고 15분쯤 후 외르크를 비난하지도 또 나 자신을 자책하지도 않는 평온한 마음으로 다시 주방에 돌아왔다. 그 사이 샐러드는 다 버무려져 있었고 외르크의 표정도 한결 부드러워져 있었다.

우리는 친구들과 함께 맛있게 식사를 즐겼다. 그리고 차를 마시며 외르크와 차분하게 이야기를 나누었다. 외르크는 자신이 지나치게 예민하게 받아들인 것에 대해 미안해하며 어머니 이야기를 꺼냈다. 알고 보니 나의 농담은 외르크의 오래된 상처를 건드린 거였다.

외르크는 평생을 어머니의 기대에 부응하려고 노력해왔다고 말했다. 그의 어머니는 칭찬에 인색한 사람이었다. 그가 좋은 성적을 받아도 '조금만 더 노력하면 더 좋은 성적을 받겠구나'라고 냉정하게 말했고, 다른 사람들에게 칭찬을 받으면 "아직 제대로 이룬 게 하나도 없어요. 더 열심히 배워야 하죠'라며 그를 깎아내렸다. 그는 자신도 모르게 더 완벽해야 한다는 강박을 갖게 되었고 자존감은 약해질 수밖에 없었다. 그런데 내가 그의 상처 주변을 어슬렁거리며 자극한 것이다. 마치 그의 어머니가 '이 정도밖에 못하니'라며 그를 나무랐던 것처럼.

그는 최근에야 어머니의 압박에서 벗어나려는 노력을 하게 됐다고 말했다. 그리고 남의 마음을 고쳐주겠다는 심리치료사가 이제야 자기 마음을 들여다보게 됐다며 호탕하게 웃었다.

분노가 차갑게 식을 때까지 거리를 두라

내가 화난 이유를 추궁하며 상황을 더욱 악화시키지 않고, 나 역시 상처받은 상태로 머물러 있지 않을 수 있었던 건 외르크와 거리를 두고 떨어져 있었기 때문이다. 길지 않은 시간이었지만 혼자 있는 동안 나는 그 사건을 '나의 문제'가 아닌 '그의 문제'로 받아들일 수 있었다.

그때 나는 두 가지 충동 사이에서 흔들렸다. 하나는 내 잘못을 찾는 것이었고, 다른 하나는 과민하게 반응한 그를 비난하는 일이었다. 하지만 어느 쪽이든 충분히 납득할 만한 이유를 찾을 수 없었다. 사과할 정도의 말은 아니라는 생각이 들었고 그를 비난하고 싶은 생각도 없었다. 그래서 그 사건과 잠시 거리를 두었다. 그에게서도, 나의 감정에서도 물러났다. 그 덕분에 나는 자존감을 유지할 수 있었고 그에게도 생각할 시간을 줄 수 있었다.

당시에는 좋아하는 사람들과의 모임에서 말다툼을 벌이는 걸 피하고 싶은 생각이 더 컸던 게 사실이지만, 어쨌든 서로 거리를 두고 시간을 갖는 것은 대부분의 문제를 긍정적으로 해결하는 데 도움이 된다.

우리가 다른 사람에게 상처를 주는 상황이 발생했을 때 그 상처는 상대를 향해서만 날아가는 것이 아니다. 상대가 자신으로 인해 마음이 상했다는 것을 아는 순간, 우리 역시 상처를 받는다. 그리고 어떻게든 그의 마음을 상하게 한 것을 만회하려고 든다. 정중하게 사과를 하기도 하고 상대방의 기분이 좋아질 만한 말을 늘어놓기도 한다. 어떤 때는 이런 말로 마음이 상한 거냐고 계속 농담을 던지며 기분 풀라는 강요 아닌 강요를 하기도 한다.

실수를 인정하는 건 좋지만, 사과하고 달래도 그의 화가 풀리지 않고 오히려 더 심해지는 것 같다면 상황을 다시 좋게 만드는 일에 매달리지 않는 편이 더 낫다. 이른바 '작전타임'을 갖고 분노가 차갑게 식을 때까지 한동안 거리를 두는 것이다.

관계를 끊으라는 말이 아니다. 다시 돌아올 가능성을 갖고 잠시 물러나는 것이다. 그리고 다시 만났을 때 왜 그런 말 또는 행동을 했는지 이야기하고, 그 순간에 느꼈던 감정들과 생각들을 솔직하게 털어 놓으며 쌓인 오해를 풀어라. 그렇게 잠시 거리를 두는 것이 서로에 대한 이해를 높이고 관계를 회복할 수 있는, 가장 부작용이 적은 방법이다.

말(言)을
재는
황금저울

너무 착하게 굴려고 하거나, 너무 정직하려고 애쓰지 않는다.
다른 사람들에게 맞추느라 진을 빼지도 않는다.
이것이야말로 심신의 건강을 지키는 방법이다.
_도미니크 로로, 「지극히 적게」

전직 FBI요원이자 행동전문가인 조 내버로는 인간은 인종이나 문화, 언어와 상관없이 분노와 두려움, 기쁨과 즐거움의 감정이 얼굴과 신체 동작을 통해 나타난다고 했다. 실제로 그는 상대방의 발과 다리 움직임, 손의 위치, 손가락이 가리키는 방향, 동공의 움직임 등 상대방의 몸짓과 표정을 읽음으로써 많은 지능범들을 체포했다. 그런데 이런 '세심한 관찰'이 연인이나 가족, 친구, 직장 동료 관계에서 진행된다면 어떨까. 아마

물 한 잔도 마음껏 마실 수 없을 것이다.

모든 말을 황금저울에 달고 상처받는 사람들

무슨 말(言)이든 황금저울에 올리는 '민감한 사람들'이 있다. 그들은 끊임없이 상대를 관찰하고 말 한마디, 눈짓, 손짓, 입모양, 웃음소리에 의미를 부여하며 스스로를 깎아내린다. 그리고 사소한 일에도 자존감을 훼손당한 것처럼 모욕감을 느끼고, 상대의 모든 말이 자신과 관계된 것이라고 착각하며 상처를 받는다.

로라는 스스로를 예민하고 소심한 사람이라고 말한다. 그녀는 회사에서도 집에서도, 사람들의 말과 행동에 의미를 부여하고, 자신을 좋게 생각하는지 나쁘게 생각하는지를 따져보는 습관이 있다고 했다. 그녀의 관찰력은 그리 뛰어난 편이 아니었으나 추리력은 셜록 홈즈에 비견될 정도로 집요하고 예리했다. 다만 지나치게 주관적이어서 설득력이 떨어진다는 게 흠이었다.

그녀는 자기만의 저울을 가지고 매순간 사람들을 판단했다. 누군가 서둘러 전화를 끊었을 때, 묻는 말에 건성으로 대답할 때, 자신이 말하는데 딴짓을 할 때, 그들에게 다른 이유가 있을 거라는 생각은 하지 않았다. 무조건 자신을 무시하고 거부한 것으로 받아들일 뿐이었다.

남편에게는 그 저울이 더욱 민감해졌는데, 자신이 부를 때 "왜"라고 대답하거나 말하는 뉘앙스가 평소와 달리 조금만 무뚝뚝해져도 불만을 얘기해 보라며 그를 몰아세웠다. 등을 돌리고 자거나 "내가 알아서 할게" 같은 말을 들었을 때는 마치 헤어지자는 말을 들은 것처럼 서글퍼하기도 했다. 남편은 예민한 아내를 위해 말이나 행동을 부드럽게 하려고 노력했지만 항상 성공할 수는 없었다.

내가 볼 때 그가 그녀에게 상처를 주지 않는 방법은 없어 보였다. 그녀에게 상처를 주는 말과 행동의 그물이 너무 촘촘해서 무슨 말이든 걸려들고 말기 때문이다.

한 동료는 심리상담가로 일한 지 얼마 되지 않았을 때, 말에 예민한 내담자를 만나 진땀을 흘린 적이 있다고 했다. 그는 내담자에게 이렇게 말했다.

"전에 이런 치료를 받은 적이 있나요?"

"치료라고요? 난 환자가 아니에요. 그저 마음이 좀 답답할 뿐이라고요."

그는 정중하게 사과하며 표현을 바꿨다.

"아, 그런 뜻은 아니었어요. 사과드리죠. 자, 어떤 문제가 있으시죠?"

"문제라뇨, 나에게 문제가 있는 게 아니에요. 사람들이 내 마음을 몰라 줄 뿐이죠."

"좋습니다. 그러면 사람들이 뭘 모르는 것 같나요?"

"선생님, 표정을 보니 제게 문제가 있다고 생각하시는 것 같네요."

그날 이후 내 친구는 단어 선택의 중요성에 대해 다시 한 번 생각하게 됐다고 한다.

말이나 행동에 쉽게 상처받는 사람들과 만날 때 우리는 긴장할 수밖에 없다. 무엇을 어떻게 말해야 할지, 어떤 어조로 어떤 단어를 선택할지 곰곰이 생각하고 신중하게 전달한다. 마치 도자기에 작은 흠이라도 낼까 봐 두꺼운 장갑을 겹겹이 끼는 것처럼.

그러나 이런 조심스러움이 상대에게는 배려가 될 수 있지만, 자신에게는 상처를 주는 일이 될 수도 있다. 지나치게 상대를 의식하는 일은 자신의 생각과 의지를 상실하는 것이나 다름없기 때문이다.

상대방에게 상처를 주지 않기 위해 매달리다 보면 결국 '나'는 자유를 잃어버리고 경직된다. 원하지 않는 일을 하고 내키지 않는 말을 하고 기분이 나빠도 좋은 표정을 지어야 하는 꼭두각시가 된 듯한 느낌을 받는 것이다. 그렇게 자기 자신을 잃어버리면 우리는 깊은 상실감에 빠진다.

더 나쁜 것은 자신을 포기하면서까지 그토록 애를 써도 상대가 그 노력을 알아주는 일은 거의 없다는 사실이다. 우리가 많은 것을 포기할수록 상대는 더 많은 희생을 요구한다. 처음에는 마음에 들지 않는 단어를 지적하다가 뉘앙스를 문제 삼고, 그 다음에는 손짓발짓, 웃을 때 입꼬리가 올라가는 것, 양미간을 찡그리는 습관 등등을 걸고넘어지며 수정을 요구한다.

불굴의 노력이 번번이 실망으로 끝나면 인간인 이상 분노할 수밖에 없다. 자칫하면 엄청난 증오로까지 이어진다. 결국 상대방에게 작은 상처도 주지 않으려고 애를 쓰다 자신의 인생을 잃어버리고, 서로 더 큰 상처를 떠안는 것이다.

다른 사람을 만족시키기 위해 시간을 허비하지 마라

황금저울은 황금을 다는 데는 좋지만 말(言)을 다는 데는 적절하지 않다. 만약 우리가 누군가를 만날 때 두꺼운 갑옷을 입은 채 부자연스럽게 접촉해야 한다면 그 관계는 뭔가 잘못된 것이다. 우리가 아무리 노력한다 해도 상대가 우리의 말과 행동을 나쁜 의도가 있다고 해석하는 한 상처 주는 일을 피할 수는 없기 때문이다. 그런 함정에서 스스로를 구할 수 있는 유일한 방법은 그의 기준에 맞추는 것이 아니라 자기 자신을 적극적으로 방어하고 보호하는 것이다.

흔히 많은 사람들이 아무것도 하지 않는 것, 다른 사람이 상처 입는 것을 신경 쓰지 않고 자신과 무관한 일이라고 생각해 버리는 것으로 함정을 피하려고 하는데 그것은 상처를 멈추지도 갈등을 해결하지도 못한다.

그보다는 지금의 이런 관계가 자신을 얼마나 힘들게 하는지 상대방에게 솔직하게 말하는 것이 중요하다. 그리고 상대방의 함정에 말려들지 말고, 그토록 상처를 주는 것이 무엇이고 그가 필요로 하는 것이 무엇인지를 물어봐야 한다. 장담컨대 당사자조차 자신이 원하는 것이 무엇인지 모르는 경우가 태반일 것이다. 지금까지 뭘 원하는지도 모르는 사람의 비위를 맞추겠다고 고군분투한 것이다.

하지만 어느 순간에도 자신의 주관을 포기하지 않고, 자기 자신 안에 머물렀다면 그동안의 노력이 분노로 바뀌지는 않을 것이다. 적어도 '내가 너에게 어떻게 했는데'라는 분노나 '어쩌다 내가 이런 바보 같은 짓을 한 건가'라는 자기 비하의 낭떠러지로 떨어지지는 않을 수 있다.

누누이 말했듯이 우리는 지금 이대로 충분히 사랑받아 마땅한 존재들이다. 누군가를 더 많이 사랑한다고 해서 모든 부정적인 감정을 책임져야 하는 것은 아니다. 또한 나이가 어리다고 해서, 직급이 낮다고 해서 전적으로 상대의 기분에 맞춰야 하는 것도 아니다. 상대방과 마찬가지로 우리 자신도 소중하고 중요한 사람이다. 불합리한 대우를 감내해야 할 죄인으로 자신을 낮춰서는 안 된다.

상처가
권력으로
변할 때

그와 겨루려고 하지 마라. 사랑하는 사람 사이에
누가 이기고 지고 하는 문제는 없는 거란다. 사랑하던 사람들이 싸운다면
그것만으로도 둘 다 이미 패배한 거나 다름없어.
—펄 벅, 「딸아, 너는 인생을 이렇게 살아라」

"내가 그 사람을 점점 더 괴롭힐 것 같았어요."

신디는 얼마 전 7년 동안 사귀었던 애인과 헤어졌다. 두 사람은 대학 3학년 때 만났고 그 후 6년 반 동안 그 사랑은 흔들린 적이 없었다. 그런데 남자친구에게 다른 여자가 생겼다. 그 사실을 안 신디는 배신감과 슬픔에 일상생활을 제대로 유지하기 힘들 정도로 무척 고통스러워했다. 술과 친구들 없이는 하루도 버티지 못하는 날들이 3개월째 계속될 즈음, 남자친구가 다시 찾아왔다. 잠시 정신이 나갔던 것 같다고. 내가 진짜 사랑하는 사람은 너였다고 뉘우치면서.

그를 미워하는 것보다 그 없이 살아가는 게 더 힘들었던 그녀는 결국 남자친구의 마음을 다시 받아들였다. 그런데 그녀의 마음에 싹튼 의심과 상처는 끝내 지워지지 않았다. 그가 낯선 사람과 통화하거나 문자 메시지를 보낼 때, 연락이 되지 않을 때마다 그를 의심했다. 서로 의견이 어긋날 때는 '이 사람은 나를 버렸었어'라는 원망이 시도 때도 없이 떠올라 별일 아닌 일에도 크게 화를 냈다. 자신이 너무 큰 상처를 주었다고 생각한 남자친구는 그녀가 말도 안 되는 이유로 화를 내고 상처를 줄 때마다 무조건 미안하다고 말할 뿐이었다. 하지만 그럴수록 그녀는 더 집요해졌다. '이러는데도 괜찮다고?' 하는 알 수 없는 분노가 강력한 마취약처럼 이성을 마비시켜 더욱 남자친구를 못살게 굴었다.

함께 있을 때는 불같이 화를 내고 혼자 있을 때는 후회하기를 반복하는 자신을 보면서 다시 만난 지 6개월 만에 신디는 헤어질 결심을 했다. 그가 자신의 눈치를 보는 것도 괴로웠고 그 사람을 점점 더 잔인하게 괴롭히게 될 자신이 무서웠다고도 했다.

상처받은 사람들은 상처를 빌미로 상대가 자신을 떠나지 못하게 옭아맨다.
그들의 자존감은 나약하지만 다른 사람에게 의존하고 매달리는 힘은 엄청나게 세다.
단호하게 끈을 자르지 않으면 그들의 고통까지 짊어져야 한다.

그렇게 그녀는 상처를 주고받는 악순환 속에서 빠져 나왔다. 하지만 신디처럼 상처 주는 관계를 스스로 깨뜨리는 사람은 많지 않다. 그들은 자신이 잔뜩 화가 난 괴물이 되어 가고 있다는 사실을 알면서도 상처 입은 자가 가진 권력을 내려놓지 못한다.

상처받은 사람들의 위력

상처받은 사람은 다른 사람을 아주 미묘하고 집요하게 조종할 수 있다.

그들은 상처 입은 것에 대한 책임을 상대방에게 떠넘긴다. 그러면 책임을 떠안은 사람들은 상처받은 사람들의 마음을 달래 줄 의무를 부여받는다. 처음에는 기꺼이 그렇게 한다. 그렇게 함으로써 나쁜 의도가 없었다는 것을 증명하고 모든 갈등이 해결될 거라는 기대를 가지고서. 하지만 유감스럽게도 그 기대는 실현되지 않는다. 오히려 그 반대다. 한 번 죄인의 역할을 받아들이면 억지로 끊어내기 전까지 그 관계가 고착화되고 만다.

상처받은 사람은 끝없이 상처를 준 사람을 비난하고 죄책감을 안기며 원망한다. 자신의 행동이 그 사람에게 또 다른 상처가 될 수 있다는 생각은 하지 못한다. 그저 자신들이 받은 상처만 깊고 커 보일 뿐이다. 그리고 상처받은 것을 이용해 자신을 중요한 존재로 부각시킨다.

한 내담자는 시어머니가 자신이 받은 상처를 끊임없이 되새기면서 남편과 자신을 압박한다고 고백했다. 그녀의 시어머니는 권위적이고 무관심한 남편과 살며 평생 동안 무시당한 상처를 가지고 있었다. 그런데 그 상처를 아들과 며느리에게 보상받으려고 했다. 그녀는 아들 내외가 하는 모든 일에 간섭해야 직성이 풀렸고 자기가 원하는 대로 일이 진행되지 않으면 상처받은 사람처럼 행동했다. 남편에게 존중받지 못했기 때문에 자식한테도 존중받지 못하는 거라며 상처를 부풀리고 다른 친척들과 이웃 사람들에게 자신의 처지를 비관하며 두 사람을 부끄럽게 만들었다. 그리고 아들과 며느리에게 끊임없이 어머니를 무시했다는 죄책감을 주입시켰다. 내담자와 남편은 어머니의 말을 듣지 않으려고 애쓰지만 번번이 꼼짝 못하고 당할 뿐이라고 했다.

내담자의 시어머니처럼 상처받은 사람들이 가진 권력의 크기는 결코 작지 않다. 그들의 자존감은 나약하지만 그 때문에 다른 사람에게 의존하고 매달리는 힘은 엄청나게 세다. 받은 상처를 빌미로 권력을 움켜쥔 채 절대 상대방이 자신을 떠나지 못하게 하려는 것이다.

때로 그들은 상처받은 아픔이 폭력도 정당화시킨다고 착각하기도 한다. 실제로 상습적으로 가정폭력을 행사하는 가해자들을 만나 보면 배우자가 자신에게 잊지 못할 모욕감을 주었기 때문에 그런 일을 저질렀다고 변명한다. 이렇듯 받은 상처를 이용해서 누군가를 조종하려고 할 때 그 사람은 더욱 난폭해질 가능성이 있다. 그리고 그 관계가 고착화되는 순간 벗어나는 일은 점점 더 어려워진다.

괴롭히는 사랑은 사랑이 아니다

상처받은 사람의 고통이 안타깝더라도 그가 자신의 아픈 마음을 빌미로 당신을 지배하려고 한다면 단호하게 선을 그어야 한다. 그들은 아픔을 털고 일어나라고 응원하는 당신의 손을 깊은 어둠속으로 끌어당긴다. 그리고 '너도 같이 아파하는 게 나를 위하는 일이야'라고 속삭인다. 상처 입은 사람 곁에 나란히 앉아 있어 주는 것은 사랑이지만 그 사람의 고통을 내 것으로 만드는 것은 바보 같은 일이다.

　힘으로 누군가를 조종하는 일은 그것에 의해 당하는 사람이 있을 때만 일어날 수 있다. 우리가 조종당하는 일을 멈춘다면 조종하는 사람의 힘도 약해질 수밖에 없다. 거리를 두는 일이 힘들고 어렵더라도 몸에 묶인 끈을 잘라내라. 그리고 마음이 이리저리 휘둘리고 다치지 않을 만큼 단단해질 때까지 거리를 두고 자신을 지켜라. 누군가와의 만남이 나를 고통스럽고 아프게만 할 뿐 성장시키지 못한다면, 그건 사랑이 아닌 것이다.

습관적으로
상처를 주는
사람들

> 사람들은 자기가 원하는 것에 따라 산다고 생각하지.
> 그러나 정말로 그들을 끌고 가는 건 그들이 두려워하는 것이다.
> _할레드 호세이니, 『그리고 산이 울렸다』

 세상에는 습관적으로 상처를 주는 사람들이 있다. 세상에 대한 불만이 가득하고 인생이 불쾌한 그들은 다른 사람의 입장이 되어 생각해 보는 일이 거의 없다.
 그들은 모욕감과 수치심을 느끼게 하는 말을 교묘하게 농담으로 포장해서 죄책감도 없이 상처를 준다. 남성이나 여성들끼리 모인 자리에서 벌어지는 음담패설이나 성차별적인 이야기를 예로 들면 이해가 빠를 것이다. 그들은 그런 자리를 기회로 삼아서 '단지 웃고 즐기자는 목적'으로 그 자리에 없는 여성 혹은 남성에게 모욕을 준다. 때로는 그 자리에 있는 사람들까지 수치심을 갖게 할 때도 있다. 하지만 사람들은 즐거운 시간을 망치는 융통성 없는 사람이 되고 싶지 않아서 그 일에 동참하거나 침묵한다.

왜 남에게 상처를 주지 못해 안달일까

상처 주는 사람들의 동기는 다양하다. 시기심이나 질투, 불만족, 두려움 등이 모두 원인이 되는데 그중에서도 가장 강력한 원인이 바로 '열등감'이다.

상처를 주는 사람들은 공통적으로 경쟁심이 강하고 다른 사람이 거둔 성공을 인정할 줄 모른다는 특징이 있다. 그들은 더 돋보이기 위해서 다른 사람들을 평가절하하고, 노력하는 것에 비해 결과가 좋은 사람, 성공에 얽매이지 않고 편하게 사는 사람, 자신보다 더 인정받는 사람을 무의식적으로 질투한다.

그러면서 자신은 치열하게 노력하는 것에 비해 인정을 덜 받고 있다고 생각한다. '이토록 애쓰고 있는데 아무도 알아봐주지 않는다'라며 세상을 원망하는 것이다.

이런 열등감과 원망이 자신도 억누를 수 없을 만큼 차오르면 어디로든 분출할 수밖에 없는데, 아이러니하게도 분풀이 대상이 되는 사람들 대부분이 상처와 직접적인 관계가 없는, 자신보다 약한 사람들이다.

 부부싸움을 한 상사가 부하 직원에게 신경질을 내고, 광고 대회에서 우승하지 못한 사람이 심사위원이 아니라 우승한 사람에게 자격지심을 느끼듯이 때때로 상처받은 사람들의 분노는 엉뚱한 사람의 따귀를 때린다.

 이런 열등감의 표출을 잘 보여 주는 것이 바로 인터넷 악성 댓글이다. 악성 댓글을 다는 사람들을 만나 보면 자신감이 없고 열등감이 심해 심리적으로 위축된 사람들이 많다. 그들은 인터넷이라는 익명의 공간을 통해 분노와 열등감을 마치 '배설'하듯 쏟아낸다. 특히 유명한 사람이나 성공한 사람들을 비난하는 것은 순간적으로 자신이 우월해진 것 같은 쾌감을 주기 때문에 한 번 중독되면 빠져나오기 힘들다. 그들은 자기가 간절히 꿈꾸는 삶을 별 노력 없이 얻은 것 같은 연예인들을 비난하고, 악성 루머를 퍼뜨려 모욕감을 줌으로써 열등감을 줄이려고 한다. 현실에서는 결코 가질 수 없는 쾌감을 온라인 세상에서라도 느끼고 싶은 것이다.

그들은 자신의 상한 마음만 위로할 수 있다면 무엇을 하든 괜찮다고 생각한다. 다른 사람이 얼마나 큰 고통을 느끼는지, 그들의 인생이 어떻게 바뀔지는 생각하지 않는다. 공감 능력이 전혀 없는 것이다. 만약 자신이 그런 일을 당한다면 어떻게 인간이 그럴 수 있냐며 불같이 분노하고 삶이 끝난 것처럼 절망할 거면서 말이다.

먼저 주먹을 날리지 마라

습관적으로 상처를 주는 '상처 유발자들'이 상대를 괴롭히는 또 다른 방법은 '도발'이다. 그들은 상대의 약점을 건드려서 분노하게 한다. 숨기고 싶은 과거나 상처받은 어린 시절, 외모, 학벌, 경제력과 같은 열등감을 건드릴 때도 있고, 상대가 가장 잘하는 것, 자랑스러워하는 것을 깔아뭉갤 때도 있다. 그렇게 해서 다른 사람이 모욕감을 느끼고 상처받는 것을 즐긴다. 그리고 즉흥적이고 공격적인 행동을 하며 상대방이 스스로를 파괴하는 것을 지켜본다.

함께 일하기 싫은 사람이 알아서 회사를 그만두게 하려고 잡무만 맡긴다거나, 때리고 싶은 사람을 약올려서 먼저 주먹을 날리게 해 책임은 피하고 원하는 바를 이루려고 한다. 그러니까 아무리 화가 나고 억울하다고 해도 상습적으로 상처를 주는 사람들의 자극적인 말에 대응해서는 안 된다. 상처 유발자들의 도발에 말려들면 더 나쁜 행동을 한 그들 대신에 우리가 모든 책임을 떠안게 된다.

습관적으로 상처를 주는 사람들의 마음은 열등감과 세상에 대한 불만으로 가득 차 있다. 그들은 이런 열등감과 욕구 불만을 해소하기 위해 다른 사람들을 이용한다. 요구를 들어주지 않으면 상처받은 것처럼 행동함으로써 상대의 죄책감을 자극해 자신이 원하는 대로 조종하려고 한다. 또 노골적으로 상처 주는 말과 행동을 해서 뜻대로 풀리지 않는 인생에 대한 분노를 대신 풀기도 한다. 그렇게 함으로써 그들은 자신이 조직에서 혹은 친구들 사이에서 가장 뛰어난 사람이라는 것을 증명하고, 열등감을 우월감으로 바꾸려고 하는 것이다.

좋은 친구를 사귀는 것보다
나쁜 친구를 만들지 않는 게 낫다

습관적으로 상처를 주는 사람들은 다른 사람들과 어울리기는 하지만 진정한 소통이 불가능한 사람들이다. 좋은 관계 맺기를 거부하고 평화롭고 건전한 분위기를 방해한다. 호시탐탐 상대의 약점을 잡아 깔아뭉갤 기회만 엿보는 사람과 어떻게 친구가 될 수 있겠는가. 또한 의도적으로 하는 상처 주는 말과 행동은 아무리 무시하려고 해도 완벽하게 못 들은 척 할 수가 없다. 시간이 지나 말의 내용은 잊을지라도 상처받은 자존심은 회복되기 힘들다.

그들이 희생양으로 삼은 대상이 당신이 아니라고 해도 진심 어린 관계를 맺을 수 없는 것은 마찬가지다. 친구는 서로를 보호하려고 하는 사람들이다. 그러나 그들이 원하는 것은 복종 아니면 싸움일 뿐이다. 따라서 그들과 함께 있는 한 당신은 상처 주는 사람이거나 상처받는 사람 둘 중 하나가 될 수밖에 없다.

나쁜 친구를 만들지 않는 것은 좋은 친구를 한 명 더 사귀는 것보다 중요하다. 소중한 나를 지키기 위해 때로는 단호하게 관계를 끊어야 한다.

다른 사람의
인정과 칭찬에
매달리지 말고
자기 인생을
살아가라

네 안에는 모든 것이 다 들어 있다.
태어날 때부터 이미 그러했다. 네가 하는 일은 그저
네가 알고 있는 것을 다시 배우는 것에 지나지 않는다.
_베르나르 베르베르, 『나무』

A가 B에게 모욕을 주며 욕을 하자, B가 A에게 주먹을 날렸다. 폭력 사건을 조사하는 경찰은 B를 가해자, A를 피해자로 묘사한다. 그러나 심리학적으로 접근하면 가해자와 희생자는 이처럼 분명하게 나뉘지 않는다. 그들은 서로를 피해자라고 느낀다. 때린 사람이든 맞은 사람이든, 각자 자기 자신이 더 상처받았다고 생각하는 것이다.

마음의 상처를 준 사람과 상처받은 사람 사이에서 벌어지는 이러한 역할 규정은 자신들을 누군가를 통제할 수 있는 '가해자'나 힘없고 열등한 '희생자'로 체험하게 되는 일종의 심리 게임이다. 상처받은 사람, 이른바 심리학적 희생자는 무력함, 체념, 뭔가에 굴복당한 느낌을 받으며 다른 사람과 함께 있거나 상황이 바뀌어도 그 역할에서 쉽게 벗어나지 못한다. 제3자가 봤을 때는 그렇게 약해 보이지 않는데도 그들은 쉽게 희생자가 되고 굴욕감과 좌절을 느끼며 의기소침해진다. 그러면서 한 가지 가장 무거운 짐을 가해자에게 던져 주는데 그게 바로 '책임'이다.

희생자는 고통을 부둥켜안음으로써 고통이 발생한 모든 책임을 가해자에게 떠넘기고 그를 악한 사람으로 만들어 버린다. 그러면 모든 책임을 떠안은 가해자는 가해자대로 너무 가혹하고 부당한 비난에 상처를 받고 자신을 희생자라고 여긴다. 이렇게 서로에게 잘못을 미루고 책임을 떠넘기다 보면 두 사람의 관계는 점점 더 멀어질 수밖에 없다.

앞에서도 이야기했듯이 심리학적 희생자들은 자신들을 보호받아야 할 약한 사람 또는 이유 없이 핍박받는 선한 사람으로 인식한다. 반면 가해자는 비난받아야 마땅하고 강압적이며 이기적인 악인으로 묘사하기 때문에 희생자가 되어 다른 사람들의 지지와 협조를 얻고 가해자를 조종하려고 한다. 하지만 희생자를 자처하는 것은 외부의 공격으로부터 스스로를 보호할 수 있는 힘과 권리를 포기하는 것과 같다.

  희생자들은 다른 사람으로부터 인정받을 때만 자신감을 갖는다. 기쁨, 만족감, 행복은 물론 우울함, 슬픔, 고통의 문을 여는 열쇠를 남에게 쥐어 주고 끊임없이 칭찬과 애정을 갈구하며 언제나 긍정적인 반응을 해 주길 기대한다. 어쩌면 번번이 희생자가 되려는 그들은 자기 자신에게 상처를 주는 또 다른 유형의 상처 유발자일 수도 있다.

칭찬이 아니면 죽음을 달라는 희생자 마인드

  지그란데는 친구들을 초대해 음식을 대접하는 것을 좋아했다. 그녀의 집은 언제나 깔끔하게 정돈되어 있었고 주방에는 그날 구운 쿠키와 타르트가 항상 손님을 맞을 준비를 하고 있었다. 특히 친구들이 오는 날이면 지그란데는 에피타이저부터 디저트까지 더 꼼꼼하게 신경 써서 친구들에게 고급 레스토랑에서 밥을 먹는 것 같은 기분을 느끼게 해 주려고 애썼다.

  그녀는 상냥하고 친절했다. 하지만 속마음까지 그랬던 것은 아니다. 그녀의 마음속 깊은 곳에는 초대한 손님들에게 '고맙다, 정말 맛있다, 최고다'라는 식의 찬사와 인정을 받고 싶은 기대가 자리 잡고 있었다. 그래서 친구들이 음식을 먹을 때마다 '이것도 정말 맛있네'라고 감탄을 연발하지 않으면 그녀는 곧 '그 음식이 별로 맛이 없나 보구나' 하고 실망했다.

디저트를 먹으며 담소를 나눌 때도 자신의 집 인테리어나 그날의 요리, 자신의 살림 실력 등등의 이야기가 중심이 아니면 마음이 상했고, 어느 한 사람이 앞으로 나와 설치며 자기의 성공담을 이야기하거나 사람들의 관심이 다른 친구에게 모두 쏠려서 자신이 하고 싶은 이야기를 충분히 할 수 없게 되면 그를 미워하고 상처를 받았다. 그녀는 마치 다른 사람이 시켜서 저녁 식사를 차린 것처럼 웃고 있는 사람들을 원망하고 억울해했다. 그래서 초대한 손님들에게 차갑고 날카로운 말을 던질 때도 있었다.

그녀의 미소는 만들어진 것이었고 친절은 순수하지 못했다. 그녀는 자신이 돋보이기 위해 관심을 받는 다른 사람을 폄하하기도 하고 피곤한 표정을 지으며 그들이 얼른 퇴장해 주었으면 하는 분위기를 풍기기도 했다. 만약 그녀가 좀 더 노골적으로 감정을 표시했다면 모임은 말다툼으로 끝났을 것이다.

희생자들은 다른 사람으로부터 칭찬과 인정을 받을 때만 행복을 느낀다.
그러면서도 자기에게 어떤 장점이 있는지는 끝내 보지 못한다.

가장 안타까운 것은 초대받은 친구들은 도대체 지그란데가 왜 그러는지 영문을 모른다는 것이다. 그들은 자신들이 원인 제공자라는 사실을 알지 못할 뿐만 아니라, 누군가 귀띔을 해 준다 해도 그런 일로 그녀가 상처를 받는다는 사실에 충격을 받을 게 분명했다. 그들은 행복한 마음으로 지그란데의 집에 왔고 그녀 역시 그런 마음으로 초대를 했을 거라고 믿었기 때문이다. 그런데 그것이 상처를 줄 수 있다는 사실을 누가 헤아릴 수 있겠는가.

희생자의 태도는 마치 밑바닥이 없는 통과 같다. 그들은 사람들이 아무리 많은 것을 주더라도 만족하지 못한다. 텅 빈 공허함과 불안을 채우기 위해 점점 더 많은 기대를 품고 더 많은 사랑을 달라고 매달린다. 하지만 더 많은 것들을 쏟아 부어서 해결될 문제가 아니다. 그 모든 것들이 쌓일 수 있도록 먼저 '밑바닥'을 만들어야 한다.

밑바닥이란 자신을 존중하는 마음과 긍정적인 자존감이다. 희생자 역할에 감정을 이입한 사람들은 '난 상처를 입었기 때문에 이렇게 행동할 수밖에 없어. 그러니까 넌 날 이해하고 내가 원하는 걸 들어줘야 해'라고 믿는다. 그런 사람과 함께 있을 때 우리는 언제든 가해자가 될 수 있다. 희생자의 요구는 너무 많고 다양해서 그 누구도 만족시켜 줄 수 없기 때문이다.

토닥토닥, 최선을 다한 자신의 어깨를 두드려라

나는 내담자들에게 자존감을 기르기 위해서는 자립심과 자기 자신을 인정해 주는 법을 먼저 배워야 한다고 말한다. 다른 사람의 평가와 상관없이 자신의 가치를 올바르게 판단하고 비난이나 비판, 무관심에 흔들리지 않으며 남에게 집착하지 않는 법을 알아야 한다는 것이다. 그렇게 자신의 존재를 스스로 인정하는 경험을 하면 마음이 상하는 일이 생기더라도 책임을 떠넘길 다른 사람을 만들지 않고 남들이 나를 어떻게 생각할지 고민하느라 에너지를 낭비하지 않게 된다. 그리고 솔직하고 구체적으로 다른 사람에게 도움을 요청할 줄도 알게 된다.

희생자가 불행한 마음에서 벗어나기 위해서는 행복을 판단하는 권한을 되찾아야 한다. '난 최선을 다했고 내가 만든 음식은 맛있다'라고 스스로 인정하고 칭찬해 주어야만 희생자와 가해자라는 쳇바퀴에서 벗어날 수 있는 것이다.

더 이상 다른 사람에게 기쁨과 슬픔을 의존하지 말자. 그들 역시 우리와 마찬가지로 인정받고 싶어 하고 칭찬받고 싶어

하는 불안정한 존재들일 뿐이다. 나의 능력을 판단하는 데는 다른 누구보다 나 자신이 가장 믿음직한 심판이다.

외상 후
격분장애를
다루는 법

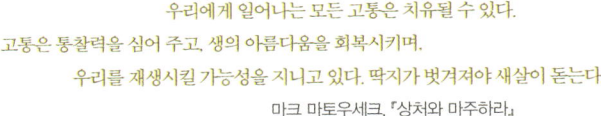

우리에게 일어나는 모든 고통은 치유될 수 있다.
고통은 통찰력을 심어 주고, 생의 아름다움을 회복시키며,
우리를 재생시킬 가능성을 지니고 있다. 딱지가 벗겨져야 새살이 돋는다.
_마크 마토우세크, 『상처와 마주하라』

상처받은 사람들의 복수와 자기파괴는 '외상 후 격분장애(Post-traumatic embitterment Disorder, PTED)'가 보여 주는 중요한 특징들이다(2003년 마이클 린든이 처음 창시한 이론).

일자리를 잃거나 배우자와의 이별 때문에 자신이 누리던 중요한 기반을 상실한 사람들의 경우 외상 후 격분장애 증상이 나타날 수 있다. 그들은 발가벗겨진 상태에서 거리로 내던져진 것 같은 기분을 느끼며 이런 부당한 현실을 거부하려 한다.

그리고 버림받은 두려움과 불안으로 희생자의 역할 속에 자기 자신을 묻어 버린다. 때로 그들은 자신의 상황이 얼마나 불리하고 부당한지를 가족과 주위 사람들에게 끝없이 항의한다. 그러나 그것은 넓은 의미의 자살(스스로 목숨을 끊음으로써 주위 다른 사람들도 죽을 것 같은 상황으로 몰아넣는 것)이라는 끔찍한 결과로 끝날 수 있다.

외상 후 격분장애는 만성화되면 치료도 힘들 뿐만 아니라 사람들에게 주는 상처도 커진다. 장애를 겪는 사람들은 스스로를 치유할 힘도, 상황을 좋은 쪽으로 바꿀 수 있을 것이라는 기대도 전혀 갖고 있지 않다. 그들은 유일하게 복수를 통해서만 마음이 가벼워지는 것을 느낀다. 그것 말고는 탈출구가 없다고 생각하는 것이다. 게다가 그들은 그 모든 책임이 다른 사람들에게 있으며 그 사람들 때문에 자신이 절망적으로 내팽개쳐졌다고 느낀다.

특히 배우자의 외도를 경험한 사람들은 자신이 겪었던 사건을 자꾸 되새기고 그에 대한 꿈을 꾸고, 그 사건을 기억나게 하는 장소나 대상들을 피하게 된다. 사랑하는 사람이 언제나 자신에게 충실할 것이라는 믿음, 어떤 것도 두 사람을 갈라놓지 못할 거라는 확신이 한순간 절망으로 바뀌면서 지금까지 자신을 지탱해 주었던 세계가 무너지고 만 것이다. 이때 배우자에게 속고 버림받은 사람은 수년이 지나도 안정을 찾지 못한다.

그들은 매번 다시금 그 상황을 곰곰이 생각하고, 상대방이 한 말이나 자신이 했던 행동, 외도 상대가 했던 말 등등을 되새김질하면서 자신을 괴롭힌다. 또 왜 그때 바보같이 속았을까, 불길한 징후를 왜 깨닫지 못했을까, 내가 좀 더 잘했더라면 다른 사람에게 한눈파는 일은 없지 않았을까 하는 생각들을 떨치지 못하는 경우가 많다.

격분장애로부터 벗어나기

이런 외상 후 격분장애를 겪는 사람들은 자신이 내팽개쳐진 것이 아니라는 것을 깨달으면 상처에서 훨씬 쉽게 빠져나올 수 있다. 그리고 홀로 남겨진 자신의 인생이 '끝'이 아니라 '시작'이라는 것을 체험하면 오히려 배우자와 함께 살 때보다 더 강하게 삶에 대한 의욕을 갖기도 한다.

나는 외상 후 격분장애를 겪는 사람들에게 항상 묻는다.

"당신 인생을 당신 손으로 파괴하고 싶은 건가요?"

만약 당신의 마음이 내놓은 대답이 "아니다"라면 당신에게는 아직 인생을 바꿀 수 있는 기회가 있는 것이다.

단, 변화는 현실을 당당하게 마주보고, 당신이 무엇을 바꿀 수 없고 무엇을 바꿀 수 있으며, 당신이 할 수 있는 것이 무엇인지를 받아들일 때 일어난다. 행복을 만들어 내는 것도, 불행으로 빠져드는 것도 당신의 선택이기 때문이다.

Chapter 4

두려움 없이, 나 자신을 진정으로 사랑하는 법

상처받은 마음을 치유하기 위한 첫걸음은 상처받았다는 사실을 시인하는 것이다.
그렇게 해야 우리가 무엇 때문에 괴로운지를 알 수 있으며,
자기 자신과 엉뚱한 사람을 괴롭히지 않고
해결책을 찾기 위한 길을 갈 수 있다.

상처투성이 세상에서
자존감을 지키며
살아가는
25가지 방법

> 어느 누구도 과거로 돌아가서 새롭게 시작할 순 없지만,
> 지금부터 시작하여 새로운 결말을 맺을 수는 있다.
> _카를 바르트

페터 베마이어 연구팀에 의하면 상처받은 마음은 세 단계를 거친다.

첫 번째 단계는 상처를 준 사건이 일어난 직후부터 한 시간 동안 나타나는 마음의 변화로, 분노와 무력감이 생기고 생각이 정지된다. 심하게 마음을 다친 충격 때문에 혼잣말을 하는가 하면 배가 아프거나 심장이 조이는 듯한 통증, 편두통과 같은 신체적 이상 증상이 나타나기도 한다. 이때 나타나는 분노

는 뚜렷한 목적을 가진 복수심이라기보다는 누구를 미워해야 할지 모르는 방향성 없는 분노라고 할 수 있다.

두 번째 단계는 사건이 일어나고 한 시간쯤 지난 시점부터 일주일 사이에 나타나는 마음의 변화로, 분노와 함께 실망과 절망을 느낀다. 모욕당한 기분에 증오심을 불태우면서도 버림받거나 더 큰 상처를 입을까 봐 겁을 내고 있는 상태라고도 볼 수 있다. 그래서 사람들과의 접촉을 끊고 자기만의 동굴 속으로 들어가기도 하며 상처를 준 사람이나 관련된 사람들을 경멸하고 제대로 대응하지 못한 자기 자신을 혐오하기도 한다. 자존감이 약한 사람들은 일주일 넘게 이 단계에서 빠져나오지 못하는 경우도 있다.

그들은 상처받은 상태에서 벗어나기 위해 뭔가 시도하는 것을 주저한다. 상처 준 사람을 찾아가 따진다거나 자기 고집을 꺾는 일, 상대의 이야기를 들어보거나 용서해 주는 일 같은 것들을 생각하는 것만으로도 상처가 되살아나기 때문이다. 그래서 차라리 '다시는 그 사람을 만나지 않겠어', '모두 다 너 때문이야', '그 사람은 정말 비열해'라고 말하며 극단적으로 거부해 버리는 쪽을 택한다. 상처를 준 사람의 경우도 마찬가지다. 다른 사람들과의 접촉을 차단하고 '내가 왜 그런 일을 저질렀을까', '왜 그렇게 행동했을까' 하는 자책감에 시달리면서 끊임없이 자신의 죄를 묻는다.

세 번째는 상처받은 상태에서 벗어나 마음을 추스르는 단계다. 남성들은 대부분은 이 단계에서 혼자 있고 싶어 한다. 여행을 떠나거나 취미생활에 몰입하며 그 사건과 거리를 둔다. 반대로 여성들은 자신에게 일어난 일과 심경의 변화를 낱낱이 알리고 싶어 한다. 사건의 발단, 전개, 위기, 결말을 순서대로 들려주고 누가 가장 큰 피해자이고 누가 가장 악독한 가해자인지를 정리한 뒤, 그 혼란 속에서 자신이 얼마나 힘들었는지를 이해받고 싶어 한다.

마음의 상처에서 벗어나려면 '두 번째 단계'에 오래 붙들려 있지 말아야 한다. 상처 입은 상황을 곱씹으며 이랬다면 어땠을까, 저랬다면 어땠을까 고민하고, 분한 마음을 어쩌지 못해 아무 데나 분풀이를 하는 것은 영원히 깨어날 수 없는 악몽 속에 자신을 가두는 것이나 다름없다. 고통스런 기억을 되감기해서 후련하고 당당한 기억으로 덮어버리고 싶겠지만, 당신도 익히 알고 있듯이 현실의 시간을 되돌릴 수 있는 방법은 없다. 우리는 그저 고통스런 기억만 반복 재생할 수 있을 뿐이다.

내 마음이 고통스런 기억에서 빠져나오지 못하면 상처 입은 자리는 점점 더 크게 벌어진다. 결국 지워지지 않는 흉터가 생긴 후에야 진작 약을 발랐어야 하는데 후회하는 것이다.

그렇다면 상처를 치유하는 데 가장 잘 듣는 약은 무엇일까. 32년간 마음이 아픈 사람들을 만나 치료해 왔지만 모든 사람에게 잘 통하는 만병통치약은 발견하지 못했다. 종자가 같은 나무라도 태양이 얼마나 그 나무를 비췄는지, 바람이 얼마나 그 나무를 단련시켰는지, 땅이 얼마나 그 나무를 성실하게 감싸줬는지에 따라 모양과 둘레, 높이가 달라진다. 사람 역시 그들이 살아온 환경과 지닌 경험이 각각 다르기 때문에 마음의 상처를 치유하는 방법도 천차만별일 수밖에 없다. 그런데 한 가지, 두 번째 단계에서 상처 입은 마음이 강렬한 분노에 몸을 던져 버리거나 끝을 알 수 없는 자기비하의 낭떠러지로 떨어지는 것을 막아줄 방법이 있다. 바로 '거리두기'다.

배구나 농구 경기에서는 경기의 흐름을 바꿔주기 위해 작전 타임을 쓴다. 상대팀의 좋은 기세를 끊고 우리팀의 집중력을 재정비하는 것이다. 감독의 적절한 작전타임이 없다면 파상 공세를 펼치는 상대팀의 허를 찌르는 역전은 보기 어려울 것이다.

상처받았을 때도 마찬가지다. 분노를 차갑게 식히는 시간, 상대와 나의 관계를 재정비하고, 내 마음이 더 이상 다치지 않는 방법을 모색할 작전타임이 필요하다. 그래야 기분이 상하는 일이 인생을 망치는 일로 확대되지 않을 수 있다.

다음에 나오는 25가지 방법들은 상처에 대한 반사적인 반응인 첫 번째 단계가 지나간 후, 두 번째 세 번째 단계를 어떻게 현명하게 극복할 것인가에 대한 해결책들이다. 끊임없이 상처를 주고받는 세상에서 끝까지 자존감을 지키며 살고 싶다면 어떻게 해야 하는지, 상처받은 마음은 어떻게 추슬러야 하는지 확실한 방법을 알려 줄 것이다.

1. 상처받았음을 시인하라

상처받았다는 느낌이 든 순간, 사람들은 어떻게든 그 상황에서 벗어나려고 한다. 자신에게 무슨 일이 일어난 건지 생각해 본다거나 내 마음이 얼마나 상했는지 들여다보기보다는, 지금 자신이 창피해하고 있고 상처받았다는 사실을 그 누구에게도 들키고 싶지 않아 아무렇지도 않은 척 감정을 감춰 버린다. 상대방에게 힘으로든 사회적 지위로든 제압당했다는 사실이 너무 아프기 때문이다. 그러나 상처받았다는 사실을 부인하면 그로 인해 발생하는 모욕감, 수치심, 고통도 함께 묻어야 한다.

그렇게 억눌리고 부인된 감정은 계속 마음에 남아 나 자신과 대립하게 된다. 그토록 심하게 화를 낼 일은 아니었는데 분노를 멈출 수 없다거나 특별히 마음 상하는 일이 있었던 것도 아닌데 우울한 기분에서 헤어 나올 수 없다거나 하는 일들은 과거에 억눌린 감정이 부정적인 영향을 끼치고 있을 가능성이 높다.

만약 직장 상사가 중요한 계약이 달려 있는 출장에 담당자인 당신 대신 다른 사람을 보내기로 했다고 생각해 보라. 통보를 받은 순간 당신은 분명 아무렇지도 않은 척 할 것이다. 실망감을 감추고 '자네가 더 잘할 거야'라며 동료를 응원할 수도 있다. 마음속에는 실망과 분노, 슬픔, 부당한 처사라는 억울함이 뒤섞여 끓고 있지만 당신은 쿨한 척 웃어 버린다. 그리고 평소와 다름없이 남은 업무를 처리하고 퇴근한다.

집에 돌아오니 거실에는 아이들 장난감이 한가득 어질러져 있고 아내는 보이지 않는다. 순간 짜증이 났지만 꾹 참고 방으로 들어가려는데 장난감 하나가 발에 밟혀 부서지며 발바닥을 찌르고 말았다. 너무 아파 그 자리에 주저앉았는데 때마침 들어온 아내. 당신은 자기도 모르게 버럭 화를 낸다. 집안 꼴이 이게 뭐냐고, 아이들을 제대로 돌보지 않는다고, 늦도록 어딜 돌아다니는 거냐고 참았던 분통을 터트린다. 그러면 아내는 황당한 나머지 자신을 책망하는 남편에게 다시 화를 낸다. 왜 보자마자 화를 내는 거냐고, 당신은 항상 이런 식이라고, 밖에서 하는 것만큼만 나한테 해보라고. 마음에 담아 왔던 서운함을 터뜨린다. 이렇게 당신은 악순환에 빠지고 만다.

억눌러온 감정 때문에 아무 상관도 없는 제3자에게 화를 내기 시작하면 그때부터 이해받을 수 있는 가능성은 점점 줄어든다. 당신이 과거에 화해하지 않은 부정적인 감정에 휩싸여 있기 때문에 그 사건을 모르는 다른 사람들은 당신에게 접근할 수도 없고 당신을 이해할 수도 없다. 사랑하는 배우자라고 해도 마찬가지다. 실망을 준 일에 대해 솔직하게 이야기하고 상처받았다는 것을 인정할 때만 마음의 상처를 극복할 수 있다.

교통사고가 나면 사람들은 외상이 있든 없든 병원에 간다. 하지만 사람의 마음과 마음이 부딪히는 대형사고가 발생했을 때 병원을 찾는 사람은 거의 없다. 마음의 고통을 느끼면서도 모른 척하거나 복수에만 매달릴 뿐이다.

상처받은 마음을 치유하기 위해서는 상처받았다는 사실을 시인해야 한다. 그렇게 해야 우리가 무엇 때문에 괴롭고 고통스러운지를 알 수 있으며 자기 자신과 엉뚱한 사람을 괴롭히지 않고 적절한 해결책을 찾아갈 수 있다.

2. 자기 인생의 해답을 밖에서 찾지 마라

남자친구에게 채이면 그를 잊으려고 하고, 시험에서 떨어지면 이를 악물고 더 노력하는 것이 당연한 이치 같지만 실제로 그렇게 행동하는 사람은 많지 않다. 이상하게도 우리는 점점 더 기분이 나빠지는 쪽으로 스스로를 몰아가는 경향이 있다. 남자친구에게 버림받은 이유를 찾느라 시간을 낭비하고, 다시 버림받을지도 모른다는 생각에 사랑이 찾아와도 도망치는 사람이 많다. 또 시험에 떨어지면 꿈을 포기해 버리거나 애초에 오를 수 없는 나무였다고 자신의 능력을 깎아내리는 사람도 부지기수다.

그러나 그렇게 자신을 세뇌한다고 해서 마음의 고통이 사라지는 것은 아니기 때문에, 사람들은 좀 더 '쉬운 위로'를 찾아 기대려고 한다. 바로 '중독'이다. 알코올이나 약물 중독처럼 치명적인 것부터 다이어트, 초콜릿, 게임, 일중독에 이르기까지 중독의 범위는 다양하다.

그러나 중독은 해소된 것 같은 '착각'을 일으킬 뿐 상황을 바꾸지는 못한다. 처음에는 진정제 한 알로 마음을 다스릴 수 있지만 나중에 가서는 다섯 알, 열 알을 먹어야 효과를 보는 것이다. 온라인 세상으로 도피하는 것 역시 일시적으로 도망치는 것일 뿐, 현실의 어떤 것도 바꾸지 못한다.

사람들이 중독에 빠지는 이유는 자기 마음을 치료하는 열쇠를 밖에서 찾으려고 하기 때문이다. 약물이나 달콤한 맛, 오락, 또는 다른 사람의 애정 속에서 다친 마음을 보상받으려고 하는 것이다. 하지만 어떤 문제든지 밖으로부터 오는 해결책은 근본적인 것이 될 수 없다.

의사가 어디가 아파서 병원에 왔느냐고 묻듯이 스스로에게 물어보라. '상처받은 나를 위해 무엇을 해야 하는가'

이 질문에 대한 답이 지금 나에게 필요한 것이다. 그리고 만족스러운 대답을 줄 수 있는 사람은 오직 나 자신뿐이다.

3. 관계를 끊지 말고 거리를 두라

다시는 상처받지 않기 위해서 우리가 가장 많이 하는 방법이 바로 '이 꼴 저 꼴 보기 싫다'면서 관계를 끊는 것이다. '더 이상 그 사람과 어떤 관계도 맺고 싶지 않아'라고 외치며 모든 접촉을 차단해 버리는 것이다. 그러나 홧김에 관계를 끊어 버리면 다친 마음은 '좀비 상처'가 되기 쉽다. 과거의 상처를 마음에 가둬버림으로써 상처를 준 사람에 대한 나쁜 감정에 계속 매달려 있게 되는 것이다.

직장에서 받은 상처를 떨쳐내지 못하고 사표를 내는 것으로 피해 버리면 다른 직장에 가서도 똑같은 상처 때문에 마음을 다치게 된다. 다시 회사에 다니지 않는다 해도 문득 떠오르는 옛 상처 때문에 몸서리를 치며 불쾌해질 수도 있다.

거듭 강조하지만, 마음의 상처에서 벗어나는 길은 관계를 끊는 것이 아니라 일정한 거리를 두는 것이다. 거리 두기는 상처받은 상황으로 다시 돌아와 상황을 수습하기 위해 잠시 피난을 가는 것과 같다. 머리끝까지 화가 났을 때 던진 말은 칼날보다 날카롭다. 아무리 나중에 사과를 한다고 해도 말은 오래도록 흔적을 남기며, 결국 관계를 깨지게 하고 만다.

사건이 벌어졌을 때 즉각적으로 반응하지 않고 거리를 두는 것은 폭력적이고 파괴적인 다툼으로부터 자신을 보호하고 멀리 떨어져 상황을 명확하게 보려고 노력하는 것이다. 특히 사회에서 만난 공적인 관계일 경우, 관계를 끊어 버리는 불편한 상황을 만들지 않으면서 불필요한 적대를 피하는 데 거리 두기만큼 도움이 되는 것은 없다.

한 여성 내담자는 남자친구와 다툴 때마다 마음이 만신창이가 됐다고 했다. 그들은 마치 당장 헤어질 사람들처럼 격렬하게 싸웠고 서로를 저주했다. 그러나 거리두기를 실천한 다음부터 싸우는 횟수도, 상처 입히는 말도 줄어들었다고 했다. 그녀와 남자친구는 감정이 격해지면 일단 말을 멈췄다. 공격적인 말에서 한발 떨어지자 서로 기름을 붓고 불길을 치솟게 하는 행동을 제어할 수 있었고, 그렇게 경계선을 긋고 마음을 진정시키자 얼마나 사소한 일로 싸우고 있었는지 깨달을 수 있었다.

거리를 둔다는 것은 그 상황에서 한발 물러나 다른 각도에서 방금 일어난 일을 관찰하고 이해하려고 노력하는 것이다. 적절하게 거리를 둘 수 있다면 관계를 단절할 필요도, 상대를 폄하하고 복수심을 키울 필요도 없다. 거리를 두고 떨어져 있는 상황에서도 상대를 욕하고 미워할 수 있지만, 그 감정에 휘둘려 지배당하지 않는다면 순간적인 흥분은 곧 가라앉는다.

4. 무작정 화를 내지 말고 다음 약속을 잡아라

저녁 식사 제안을 거절당했거나 갑자기 약속이 취소됐다고 가정해 보자. 그때 우리의 욕구는 무엇일까. 다시는 그의 얼굴을 보고 싶지 않다? 앞으로 식사 약속 따위는 절대 잡지 않겠다? 아니다. 우리의 진짜 욕구는 그의 진심 어린 사과와 다시 식사를 하게 되는 것이다. 그러므로 무작정 화를 내는 게 아니라 어긋난 관계를 다시 회복시킬 수 있는 방법을 찾아보아야 한다. 스스로에게 물어보라. '내가 이루고 싶은 것은 무엇인가? 나는 상대에게 무엇을 바라는가?' 우리는 그것을 얻기 위해 욕하고 분노했던 것이다. 그러니 상처를 치유하고 싶다면 나의 욕구를 충족시킬 수 있는 길을 찾아보라. 그저 분한 감정에만 머물러 있으면 우리가 원하는 것은 영영 이뤄지지 않는다.

5. 복수의 끝은 달콤하지 않음을 기억하라

영국 신문《타임즈》지에 흥미로운 복수극이 실렸다. 한 자전거 운전자가 과속하던 자동차 옆을 지나다 물벼락을 맞고 2000개의 타이어를 펑크 낸 것이다. 보상 금액만 6억 원이 넘는 복수극을 벌인 이 남자는 오랜 기간 실업 상태였는데, 고속 주행으로 물웅덩이 위를 지나간 운전자 때문에 물벼락을 맞자 머리끝까지 화가 났다고 한다. 마치 자신이 직업이 없어서 그런 일을 당한 것 같은 분노가 치밀었다는 것이다. 결국 서른일곱 살의 그 남자는 개인적인 복수 원정을 떠나기로 결심하고, 끝이 뾰족한 드라이버를 갖고 근처 주차장으로 갔다. 그리고 550대가 넘는 차들의 타이어에 구멍을 낸 후 반나절 만에 체포되었다.

신문에는 그 남자가 경찰서에 가서도 자신이 피해를 본 만큼 다른 사람도 피해를 보는 게 당연한 것 아니냐고 주장했다고 실려 있었다. 그러나 가련하게도 그의 복수는 성공하지 못했다. 그에게 물벼락을 안긴 운전자는 이미 떠난 지 오래고, 자신이 피해를 준 사람들에게는 엄청난 액수의 보상을 해 주어야 했으니 말이다. 뿐만 아니라 그는 법의 처벌을 받아야 할 덤까지 안게 되었다.

흔히 사람들은 상처를 받으면 즉시 복수를 생각한다. 복수한 후에 어떤 일이 일어날지는 생각하지 않는다. 심지어 어떤 때는 자신이 피해를 입을 줄 뻔히 알면서도 복수를 할 때도 있다. 복수를 할 때의 쾌감이 상처받을 때의 고통보다 훨씬 크기 때문이다. 하지만 그 쾌감은 결코 길지 않다. 짧으면 이 남자의 경우처럼 반나절 만에 끝나 버린다.

내가 하는 복수의 끝이 어떤 모습일지 생각해 보라. 그 끝이 나에게 더 큰 상처를 가져온다면 과연 그것이 나를 위한 복수라고 할 수 있을까. 나의 분노가 나를 망치게 내버려 두어서는 안 될 것이다.

6. 타인을 향한 마음을 닫지 마라

캘리포니아 대학의 심리학자 래리 셔비츠는 심장질환을 앓고 있는 사람 200명을 포함해 600명 정도 되는 사람들의 대화를 녹음했다. 그는 이 녹음테이프를 들으며 실험대상자들이 '나'라는 단어를 얼마나 자주 쓰는지 세어 보았다. 그 결과 심장질환을 앓고 있는 사람들일수록 1인칭 대명사를 습관적으로 쓰고 있다는 것을 발견할 수 있었다. 그리고 몇 년 동안 실험대상자들을 추적한 결과 '나'를 많이 쓰는 사람들은 관상동맥 질환에 걸릴 위험 또한 높았다.

습관적으로 '나'를 쓴다는 것은 내 입장과 내 생각을 강요할 때가 많다는 것이다. "내가 그렇게 말했잖아", "내가 이렇게 하랬잖아", "내 말 좀 들어"라고 말하며 우리는 내 뜻대로 사람들이 움직여 주기를 은근히 기대한다. 그러나 그들도 우리처럼, 하고 싶은 대로 하고 말하고 싶은 대로 말할 권리가 있는 독립적인 인격체들이다. 그런 사람들을 우리의 기대대로 조종하려고 하면 실망하고 좌절할 수밖에 없다. 깊은 실망은 마음의 상처를 일으키고 결국 몸의 고통으로 이어지는 것이다.

타인에 대한 마음을 닫고 '나'의 중요성만 강조할 때 심장과 몸은 고통 받는다. 그 기대는 거부당할 수밖에 없기 때문이다.

몸을 아프게 하지 않으려면 쉽게 다치지 않도록 마음의 근육을 키워야 한다. 그 방법은 다른 사람의 말에 귀를 기울이고, 나만큼 그들을 존중하려고 하며 그들이 자기 나름의 방식으로 흘러가도록 내버려 두는 것이다.

7. 제발 모든 것을 당신 탓이라고 말하지 마라

'나'는 내 인생에서 가장 중요한 사람이지만 세상의 중심은 아니다. 자신의 주변에서 일어나는 모든 일들이 나와 관련된 것은 아니라는 말이다.

　얼마 전 나는 수영장에 갔다가 한 여자가 다른 여자에게 이렇게 말하는 것을 들었다. "이 수영장에 입장권을 사지 않고 뒷문으로 몰래 들어온 사람들이 있는 것 같아요." 그러고는 곁눈으로 힐끗 나를 쳐다보았다. 그 순간 그녀가 나를 지목하고 있다는 것을 알 수 있었다. 순간적으로 마음이 상한 나는 그런 일을 한 적이 없다고 따질지, 아니면 수영을 그만두고 집으로 돌아갈지 고민했다. 그러나 거기에서 멈췄다. 나는 더 이상 아무 생각도 이어가지 않았고 화를 내지도 않았다. 나는 풀 안으로 들어가서 수영을 했고 건너편에서 그 여자가 헤엄을 치며 내 쪽으로 다가오자 친절하게 인사를 건넸다. 우리는 결코 친구가 될 수는 없었지만, 서로를 가만히 내버려 두었다.

　나는 마음이 상한 원인을 그녀의 잘못으로 돌려주었다. 근거도 없이 함부로 남을 의심하는 것은 그녀의 잘못이지 내 탓이 아니기 때문이다.

　주위에서 일어나는 모든 일을 자신의 탓으로 돌리기 전에 한 번만 생각해 보라. 그것이 정말 나와 관련된 일인지. 만약 우리가 직접 관련되지 않은 일들만이라도 신경 쓰지 않는다면 상처받는 일은 분명 줄어들 것이다.

8. 있는 그대로의 나를 존중하라

상처를 치유하는 데 자존감은 무척 중요한 역할을 한다. 자존감이 강한 사람은 상처를 받더라도 오래 담아두고 자신을 괴롭히지 않으며 자신의 문제가 아닌 것까지 자신의 탓으로 껴안은 채 고통스러워하지 않는다. 하지만 자신을 보잘것없는 존재로 생각하는 사람은 다른 사람이 비판하거나 거부할 때마다 큰 상처를 받고, 그 상처에서 빠져나오는 일에도 어려움을 겪는다.

자존감이 약한 사람들에게 '있는 그대로의 나'는 열등감으로 똘똘 뭉친 존재다. 그들은 완벽하고 이상적인 모습을 꿈꾸고 그렇게 되기 위해 끊임없이 자신을 채찍질한다. 그러나 그런 노력이나 결과를 남들에게 인정받지 못하면 순식간에 자기비하의 나락으로 떨어져 버린다. 자신의 가치를 평가하고 행복할 권리를 남에게 던져 주고 마는 것이다. 그 권리를 다시 찾아오는 것이 바로 자존감을 회복하는 일이며 상처를 치유하는 일이다.

자존감을 바로 세운다는 것은 자신의 능력을 넘어서는 일과 숨기고 싶은 단점을 받아들이는 것이다. 그리고 동시에 내가 다른 사람보다 잘할 수 있는 것, 적어도 다른 사람과 비교했을 때 뒤떨어지지 않는 점에 자부심을 갖는 것이다. 그렇게 장단점이 모두 존재하는 '있는 그대로의 나'를 받아들이고, 열등감을 극복하면서 원하는 이상을 추구할 때 자존감은 강화된다.

물론 자존감이 강한 사람들도 상처는 받는다. 하지만 그들은 자신이 보잘것없는 존재라서 그렇다고 생각하지는 않는다. 그리고 남이 준 상처가 늪이 되어 자기 자신을 빨아들이게 내버려 두지도 않는다.

자존감은 우리의 배후에 든든하게 버티고 선 지원군이나 다름없다. 등 뒤에 두세 명의 군사를 거느리고 전투를 치르는 것과 백만 명의 군사를 거느리고 전투를 치르는 것 중에서 어느 쪽이 더 승률이 높을지는 굳이 따져 보지 않아도 알 것이다. 우리가 스스로에게 자신감을 가질수록 우리를 뒷받침해 주는 지원군은 점점 늘어난다. 그렇게 되면 인생에서 닥치는 위기들을 더욱 잘 방어할 수 있게 된다. 상처는 우리 스스로 열등하다고 느낄 때 시작되기 때문이다.

9. 비판은 좋은 선물로 받아들여라

나는 사람들에게 충고나 비판을 할 때는 언제나 신중해야 한다고 당부한다. 어설프게 남의 인생에 개입하지 말라는 것이다. 그러나 반대로 충고나 비판을 듣는 사람들에게는 그 말들을 '선물'로 받아들이라고 조언한다. 비판이나 충고는 우리가 상처받기 쉬운 사람인지, 자존감이 약한지 아닌지 판단하는 데 도움을 주고 묵은 상처를 발견하는 데 결정적 역할을 하기도 한다. 사소한 충고나 비판에도 치를 떨며 그 사람을 미워하거나 분노한다면 우리의 내면에 똬리를 튼 열등감은 생각보다 깊고 큰 것일 수도 있다.

때로는 따끔한 충고나 비판 속에 진짜 우리가 새겨들어야 할 단점이 숨어 있기도 하다. 물론 그 당시에는 정말 듣기 싫고 분하겠지만 선물을 받자마자 바로 뜯어서 사용해야 하는 것은 아니듯이, 충고나 비판도 마음이 가라앉을 때까지 처박아 두고 있다가 되새겨 본다면 묵은 상처를 치유하고 더욱 성숙해지는 데 도움이 될 것이다.

10. 의식적인 호흡, 그리고 명상

길을 걷다가 갑자기 호랑이를 만났다고 하자. 아마도 살려달라는 비명조차 나오지 않을 것이다. 너무 놀란 나머지 그 자리에 못 박힌 듯 서서 다리만 후들후들 떨고 있을 것이다. 차라리 기절하는 게 낫겠다는 생각을 하면서.

상처 받았을 때의 반응도 이와 비슷하다. 상처를 일으키는 사건이 일어나면 사람들은 몹시 놀라며 숨이 가빠지고 몸은 경직되고 경련을 일으킨다. 제아무리 사리 분별이 확실한 사람이라고 해도 그 순간에는 분명한 생각을 할 수 없게 된다. 누군가 우리를 욕하거나 무례하게 대할 때 대응해 줄 말이 나중에서야 머릿속에 떠오르는 이유도 바로 그 때문이다. 상처 받은 그 순간에는 자신의 분노를 통제하고 더 이상 상처가 커지지 않도록 막는 데 열중하느라 현명하고 속 시원한 대응은 거의 할 수 없게 된다.

사람이 상처를 받을 때 나타날 수 있는 신체적, 감정적 반응들은 다양하다. 심장이 빨리 뛰는 것부터 시작해서 다리가 후들거리고 머릿속이 하얘지며 오한을 느끼거나 가슴이 답답하고 패닉 상태에 빠져 정신을 잃기도 한다. 두려움, 분노, 고통, 수치심 같은 감정이 치솟기도 하지만 대부분은 내면의 동굴에 틀어박혀 끙끙 앓거나 답답한 마음을 해소하기 위한 화풀이만 쏟아낸다.

만약 우리가 그런 신체적 정신적 경직을 해소하는 일을 성공시키지 못하고 계속해서 상처 주는 상황에 노출되면, 결국에는 만성적인 근육의 긴장, 호흡곤란, 담석증뿐만 아니라 심장마비나 면역력 약화 같은 훨씬 더 심각한 신체적 문제들을 만들어 낼 수 있다.

이런 때 심호흡이 필요하다. 깊은 숨을 들이쉬고 내쉬며 마음을 안정시키면 속수무책으로 당하기만 하던 상황으로부터 거리를 둘 수 있게 된다.

이때의 심호흡은 명상과 같은 효과를 가진다. "의식적인 숨쉬기는 고요함, 신선함, 안정감, 명료함, 자유로움이라는 최적의 상태에 도달하는 데 도움이 되고 현재의 순간을 삶의 최고의 순간으로 바라보는 능력을 갖는 데 큰 힘이 된다"고 했던 틱낫한 스님의 말처럼 불안정한 상황에서의 심호흡은 외부의 공격으로부터 자신을 지키는 힘을 키워 준다.

나 역시 상처로부터 거리를 둘 때 틱낫한 스님의 호흡법을 자주 이용한다. 방법은 간단하다. 숨을 들이쉴 때 내 몸은 안정을 찾아가고 있다고 생각하고, 숨을 내쉴 때 내 얼굴은 미소를 짓고 있다고 생각한다. 그렇게 숨을 들이쉬고 내쉬는 순간순간에 의식을 집중시키며 나의 내면에 뜨겁고 강한 에너지가 스며드는 것을 느낀다.

그 다음에는 순환호흡으로 넘어간다. 몸의 긴장을 풀고 균일한 간격으로 숨을 깊이 들이마셨다가 내쉬면서 곧바로 다시 들이마신다. 들숨과 날숨 사이에는 끊어짐이 없어야 하며, 30초 간격으로 들이쉬고 내쉬며 몸과 정신에 어떤 변화가 생기는지 집중한다. 이 연습을 자주 하면 느닷없이 상처를 받는 상황에서 갈피를 잡지 못하고 우왕좌왕하며 혼란을 겪지 않게 된다. 심호흡을 통한 명상은 내가 내면의 자아와 만나는 경험이다. 나의 내면을 들여다보는 시간이 길어질수록 상처에 휘둘리는 시간은 더욱 줄어들 것이고 나에게 중요하지 않은 사람과 사소한 상처들이 인생을 낭비하게 만드는 것을 막을 수도 있게 될 것이다.

11. 뭉친 근육을 풀 듯 경직된 생각을 풀어라

상처를 받으면 생각만 정지하는 것이 아니다. 몸 역시 마음대로 움직여지지 않는다. 늘 하던 일을 하는데도 실수를 하고 낯선 상황에 대응하는 능력도 떨어진다. 다만 한 가지, 공격성만은 활발하게 살아남아서 모든 순간을 극도의 위기 상황으로 받아들이는데, 작은 충격으로 심장마비가 발생하는 이유가 그

때문이다.

상처받은 감정이 오랫동안 해소되지 않으면 그것은 몸의 병을 만들 수도 있다. 그래서 상처받은 때일수록 골방에 처박혀 있지 말고 몸을 움직여 주어야 한다. 몸을 움직이는 것은 경직된 근육과 정신을 유연하게 만들어 준다. 자전거 타기, 달리기, 킥복싱, 테니스, 배드민턴 무엇이든 좋다. 가사 노동도 한 방법이 될 수 있다. 상처와 거리를 두고 신체적 긴장을 해소시킬 수 있다면 모든 운동이 다 약이 될 수 있다.

12. 상처받은 순간의 감정들을 억누르지 마라

상처받는 것을 극복하기 위해서는 솔직한 감정을 확인하고, 자기 자신을 폄하하지 않고, 파괴적으로 행동하지 않는 것이 중요하다. 다음 질문에 솔직하게 대답해 보라.

- 나는 어떻게 지내고 있는가?
- 나는 무엇을 느끼고 있는가?
- 나는 슬픈가? 화나는가? 불안한가? 아니면 수치심을 느끼고 있는가? 그리고 이런 느낌들에 빠져 있는 상태인가, 아니면

벗어나고 싶어서 노력하고 있는가?

그런 다음 그 느낌들에 잠시 머물러라. 만약 슬프다면 눈물을 쏟아내고 화가 난다면 소리를 질러라. 지금 느끼고 있는 고통을 거부하지 말고 내 것으로 인정하는 것이 중요하다.

13. 화가 났음을 알려라

복수하고 싶은 바람의 뒤에는 분노와 화가 감춰져 있다. 그것은 다른 사람에게 무시당하거나 가치가 폄하됐다고 느꼈을 때 나타나는 정당한 감정들이다. 이 감정들을 솔직하게 인정하고 건설적으로 활용하면 나에게 상처를 주는 사람과 적당한 거리를 유지할 수 있고, 나의 분노가 제3자에게 상처를 입히는 일을 멈추게 할 수 있다. 그렇게 상처가 악순환되는 것으로부터 나 자신을 보호해 준다.

14. 처벌은 분노를 차갑게 식힌 후에 하라

소크라테스는 화가 난 상태에서는 잘못을 한 하인에게 벌을 주지 않았다고 한다. 분노가 극에 달한 시점에서 처벌을 내리면 그가 잘못한 것보다 훨씬 더 큰 대가를 치르게 할 수 있기 때문이다. 이렇듯 격렬하게 끓어오르는 감정을 식히고 '화'라는 감정을 제대로 인식하면 화가 치솟으며 뿜어내는 불똥이 이리저리 튀는 것을 막을 수 있다. 분노에 한계점을 설정할 수 있기 때문이다. 그러면 다른 사람과 갈등이 생기더라도 관계가 단절되거나 돌이킬 수 없는 말이나 행동을 하는 일들을 피할 수 있다.

누군가에게 상처를 받아 생긴 분노는 의식적으로 가라앉히려고 노력하지 않으면 점점 더 커진다. 그러므로 갈등과 분노를 완화하는 법을 배우는 것은 상처를 의연하게 극복하는 데 있어서 가장 중요하다.

15. 불평은 문제를 해결하지 못한다

"도대체 왜 빨아야 할 옷을 빨래바구니에 넣어 두지 않는 거예요? 내가 몇 번을 당부했는지 알기나 해요? 대체 언제까지 이런 잔소리를 해야 하는 거죠?"

"또 시작이군. 당신은 언제나 모든 일이 자기 마음대로 돌아가야 직성이 풀리지."

쾅! 하고 문이 닫힌다. 그러자 아내는 여자친구에게 전화를 건다.

"우리 또 싸웠어. 그 남자는 정말 자기밖에 몰라. 너무 이기적이고 배려라고는 없다고."

그러면 여자친구는 그녀의 편을 들어 주면 이렇게 말한다.

"그냥 빨래를 하지 말아 버려. 나 같으면 벌써 그렇게 했을 거야."

나는 위와 같은 사례에 등장하는 아내의 친구를 상처에 기름을 붓는 사람이라고 말한다. 이런 식의 불평과 편들어 주기는 서로에 대한 불만만 키울 뿐 어떤 문제도 해결하지 못한다. 오히려 상황을 더 악화시킬 때가 많다.

더 이상 상처를 주고받지 않게 하는 대화는 다음과 같은 방식이다.

"빨랫감은 빨래바구니에 담아 놓으라고 항상 얘기했는데, 왜 그렇게 하지 않는지 설명해 줄래요?"

"그때 너무 피곤했어. 한 걸음도 내딛기 힘들 정도로 지쳤었다고. 다음부터는 그렇게 할게."

엄청난 인내가 필요한 일인 것은 안다. 하지만 지지부진하게 감정싸움을 이어가는 것도 엄청나게 에너지를 소모하는 일이다. 싸움을 계속하는 것보다는 화해하는 일에 힘을 쏟는 게 더 낫지 않겠는가.

16. 솔직해지자

솔직해진다는 것은 용기가 필요한 일이다. 지금 자신이 느끼고 있는 감정을 솔직하게 전달함으로써 발생할 수 있는 모든 결과들을 책임져야 하기 때문이다.

그러나 기대하는 것을 말하지 않고 다른 사람이 알아서 해주기를 바라면 실망하는 일만 생길 뿐이다. 남편에게 오늘 몸이 좋지 않다고 말했다고 하자. 원래 하고 싶었던 말은 '일찍 들어와서 나를 좀 챙겨 달라'는 것이었다. 하지만 그 말은 하지 않는다. 왠지 그에게 어리광을 부리며 매달리는 것 같기 때문이다. 그런데 남편이 숨은 기대를 헤아리지 못하고 늦게 들어오면 아내는 남편이 자신을 보살펴주지 않은 것 때문에 상처를 받는다. 그를 시험에 들게 하지 마라. 그 대신 무엇을 원하는지 말해 주어라. 당신이 솔직하면 할수록, 더 빨리 좋은 해결책을 발견하게 될 것이다.

또한 할 수 없는 것은 '할 수 없다'고, 원하지 않은 것은 '아니'라고 솔직하게 거부하는 용기도 반드시 필요하다. 원하는 것을 솔직하게 말하지 않고 늘 나중에 가서 마음이 상했다고 하는 아내 때문에 힘이 든다면, 남편은 이렇게 대응해야 한다. 말로 표현하지 않는 것을 알아서 해 줄 수 있는 능력이 나에겐 없다고 말이다. 그렇지 않으면 남편은 매번 가해자가 되고, 희생자인 아내가 주는 상처를 아프다 소리도 못하고 견딜 수밖에 없다.

받아들일 수 없는 일은 분명히 거부하고 한계를 지어야 한다. '아니오'는 관계를 끊어 버리는 말이 아니다. 우리가 떠안지 않아도 될 고민을 차단해 주는 말이다.

17. 체면 때문에 도움을 거절하지 마라

상처받은 일을 누군가에게 말로 털어놓을 때 마음은 한결 가벼워질 수 있다. 제3자의 시각은 상처받은 상황을 객관적으로 바라보고 상처를 준 사람의 감정을 이해하는 데도 도움이 된다. 다만 이때 함께하는 사람은 두 사람의 문제에 깊이 관여할 수 없는 중립적인 사람이어야 한다. 상사에게 받은 상처를 같은 팀의 동료나 선후배에게 털어놓는다거나 연애 문제를 자식의 사생활에 과민한 부모에게 털어놓는 것은 상황을 더 악화시킬 뿐이다. 복수가 아니라 위로받고 조언을 얻을 수 있는 사람들에게서 지원을 받아라.

18. 감정을 제거하고 오직 사실만 바라보라

상처를 받으면 우리는 분노하며 울부짖는다. "어떻게 나에게 이럴 수 있어. 넌 나에게 평생 잊을 수 없는 상처를 줬어!" 문제는 그 다음이다. 이렇게 외치고 난 후, 상처받은 감정에서 오래도록 허우적대며 다치지 않으려면 사실 그대로를 들여다봐야 한다. 방금 무슨 일이 일어난 건지, 감정을 제거하고 사건만 바라보는 것이다.

어떤 때는 우리를 극도로 열 받게 한 사건이 단순히 남자친구가 전화를 안 한 일일 수도 있고 어떤 때는 절대 잊지 못할 모욕을 당한 일일 수도 있다.

다시금 상처를 떠올리는 일이 고통스럽더라도 그렇게 '일어난 사건'을 감정 없이 바라보면 그것이 우리를 죽일 정도는 아니라는 사실을 깨닫게 될 것이다. 아무리 죽을 것처럼 괴롭고 화가 난다고 해도 그 사건이 정말로 우리의 삶 전체를 망가뜨리고 포기할 만한 일은 아니라는 말이다. 그 사실을 깨달으면 우리는 일어난 일에 대해 적당한 거리를 유지하고 의연하게 행동할 수 있게 될 것이다.

19. 가장 아픈 곳을 찾아라

누군가의 행동 때문에 분노하게 되는 이유는 그것이 아픈 곳을 건드리기 때문이다. 우리가 아프게 느끼는 바로 그곳이 상처를 입은 부위다. 행동의 주체가 달라져도 아픈 곳은 달라지지 않는다. 그러므로 아픈 곳이 어디인지 제대로 아는 것은 묵은 상처를 발견해 내는 일이다.

우리가 번번이 자신을 아프게 하는 오래된 절망을 극복하면서 아픈 부위를 치유하면, 우리는 새로운 상처에 맞서 자신을 보호할 수 있게 된다.

20. 끊임없이 되살아나는 좀비 상처를 꺼내라

누구에게나 오래된 상처가 있다. 목에 걸린 가시처럼 삼켜

지지도 뱉어지지도 않는 아픈 상처가 마음속에 붙박이 가구처럼 자리를 잡고 있다. 상처로부터 자유로워지기 위해서는 이 가시를 뽑아내야 한다. 우리를 자꾸 움츠러들게 하고 인생을 망가뜨리는 원인을 마음에서 떨구어 낼 때 비로소 새로운 공간이 생기고 상처를 치유할 가능성이 열리기 때문이다.

21. 모든 걸 분명히 짚고 넘어가라

사람들은 "아니오"라고 말하는 걸 어려워한다. 그 일로 상대가 자신을 싫어하게 될까 봐 하는 두려움도 있고, 상대가 무안할까 봐 배려하는 마음도 있다. 어쨌든 그럼으로써 자신의 의견을 말하는 일은 점점 더 소극적이 되는 것은 분명하다. 하지만 상처받는 일에 관한 것만은 분명히 짚고 넘어가야 한다.

누군가 당신을 희생자나 가해자로 만든다면 그 이유가 무엇인지, 당신의 무엇이 상대에게 상처를 주었고, 반대로 상대의 무엇이 당신을 아프게 했는지, 실제로 어떤 오해가 있었으며, 어떤 감정을 느꼈는지 분명하게 밝혀야 한다. 그러기 위해서는 지체하지 말고 그 사람에게 다가가 말을 걸어라. 당신이 내미는 손을 그는 분명 기꺼이 잡을 것이다.

22. 두 개의 의자에 모두 앉아 보라

받은 상처를 보다 쉽게 극복하기 위해서는 상처를 준 사람의 입장이 돼 보는 것이 도움이 된다. 그 사람의 행동이 정말 어쩔 수 없는 것이었는지, 아니면 의도적인 것이었는지를 경험해 볼 수 있기 때문이다.

얼마 전 한 여성이 몹시 화가 난 상태로 상담실을 찾았다. 입사 면접에서 탈락한 직후였다. 그녀는 자신이 면접에서 떨어진 이유가 여자 인사부장이 자신을 못마땅하게 생각했기 때문인 것 같다고 했다. 면접 내내 부루퉁한 표정으로 쳐다보더니 유독 자신에게만 곤란한 질문들을 던져 자신을 당황하게 했다는 것이다.

나는 그녀에게 두 개의 의자를 내 주고 다시 면접을 치러 보자고 했다. 그녀는 지원자 자리에 앉아 그 인사부장에게 하고 싶었던 말을 하기 시작했다. 처음 보자마자 자신이 마음에 들지 않았기 때문에 떨어뜨린 거라며 비난하고 공정하지 못한 면접에 욕을 퍼부었다. 그렇게 한참 동안 화를 쏟아낸 후, 그녀는 자리를 옮겨 면접관의 자리에 앉았다. 이번에는 그녀가 인사부장의 입장이 되어서 이야기해야 했다. 그런데 자리에 앉아 지원자 의자를 바라보는 순간 그녀는 인사부장이 자신을 적대적으로 대한 게 아니었다는 것을 깨달았다. 인사부장도 지원자와 똑같이 긴장하고 있었다. 오히려 처음 보는 수백 명의 사람들을 평가하고 그중에서 단 몇 명만을 선택해야 한다는 것에 어려움을 겪고 있었다. 그녀는 인사부장의 입장에서 자신의 채용을 거절해야 하는 처지에 놓이게 되었다. 그리고 자신이 채용되지 않은 것은 여전히 슬펐지만, 인사부장에게 개인적으로 미움을 받았다는 부정적인 생각에선 벗어날 수 있었다.

23. 희생자에게 조종당하지 마라

아픈 사람에게 화를 내는 사람은 거의 없다. 마음에 들지 않는 일이 있어도 몸이 다 나을 때까지는 어떻게든 꾹 참고 들어주려고 노력한다. 마음이 아픈 사람들한테도 마찬가지다. 특히 자신 때문에 상처를 받았다고 하는 '희생자' 앞에서 '가해자'가 된 사람은 희생자가 해 달라는 것을 들어주기 위해 고군분투한다. 하지만 이 관계가 지속되면 가해자는 끊임없이 죄책감을 갖고 착취당하는 또 다른 희생자가 되고 만다.

'너 때문에 상처받았으니 네가 달라져야 한다'거나 '네가 모든 일을 더 잘해야 된다'는 희생자의 압박에 휘둘리지 마라. 모든 것을 완벽하게 해 내고 다른 사람을 만족시킨다는 것은 결코 있을 수 없는 일이다. 불평을 하려고 하는 사람들은 어떤 상황에서든 이유를 찾아내기 때문이다. 다른 사람에게 만족감을 주고 상처를 주지 않으려고 노력하면 할수록, 당신은 나 자신의 행복과는 거리가 먼 삶을 살게 될 것이다.

24. 화해와 평화를 추구하라

상처에서 벗어나려는 궁극적인 목적은 화해를 통해 평화를 얻기 위해서다. 화해와 평화는 다른 사람을 이해하고 자신의 행동에 정당성을 갖거나 두려움을 극복하고 상처를 치유하기 위해 적극적으로 나설 때에만 성취 가능하다.

정당성은 다른 사람의 반대를 무릅쓰고라도 자기 일을 뜻대로 결정할 권리가 있다고 믿고, 스스로를 당당하게 여기는 것이다. 스스로 정당성을 가져야 다른 사람의 비판과 거부에 마음을 다치지 않고 늘 똑같은 싸움에 휘말리지 않을 수 있다.

타인과 더불어 평화로운 삶을 영위하기 위해서는 다른 사람을 있는 그대로 놓아두고 그 사람이 무엇을 줄 수 있는지 아무

것도 기대하지 않으며, 자기 자신에게도 그렇게 해야 한다.

25. 마음속에 의연함을 키워라

의연함은 상처받았을 때의 마음과 정반대되는 태도다. 상처는 다른 사람에게 우리를 붙들어 맨다. 모멸감, 수치심, 고통, 분노와 같은 감정에 갇혀 다른 사람의 평가에 집착하게 한다. 의연함은 그런 것들로부터 자유로워지는 것이다. 다른 사람이 못마땅해 하는 나의 모습에 연연하지 않고, 다른 사람에게서 나의 존재 가치를 찾지도 않는다. 즉, 다른 사람에게 우리를 '붙들어 매지' 않으면서 가장 가능성이 있는 해결책을 찾는 것이다.

의연한 태도를 가지면 더 이상 다른 사람을 저주할 필요가 없고, 나 자신을 괴롭히지 않고 있는 그대로의 모습으로 놓아둘 수 있다. 그렇게 문제를 한발 떨어져서 바라보면 자존감의 균형을 찾을 수 있게 된다.

신이여, 저에게 내가 바꿀 수 없는 일들을 받아들이는
의연함을 주소서.
내가 바꿀 수 있는 일들을 바꾸는 용기를 주소서.
그리고 하나와 또 다른 하나를 구분하는 지혜를 주소서.
신이여, 저에게 시간이 필요한 변화에 대한
인내를 주소서.

그리고 제가 가진 모든 것을 귀중히 여기게 하소서.
다른 어려움을 가진 사람들에 대해 관용을 주시고,
그리고 일어나 오직 오늘을 위해
다시 노력할 힘을 주소서.

– 프리드리히 크리스토프 외팅거

상처받은 마음을 치유하기 위해서는 상처를 다시 꺼내야 한다.
무엇 때문에 고통스러운지를 알아야만
자기 자신을 괴롭히지 않고 자유로이 길을 갈 수 있다.

심리 테스트

당신은 상처에 어떻게 반응하는 사람일까?

상처받았을 때 공격적으로 반응하는 사람이 있는가 하면 자책하며 자기만의 동굴로 들어가 버리는 사람이 있다. 당신은 어떤 성향을 가졌을까?

다음 질문들을 보고 '그렇다'고 생각되면 옆에 나온 점수를 더해 보자.

상처 주는 일이 일어났을 때 어떻게 반응하는가?

1. 즉각 격분한다. [1]
2. 나는 부당한 대우를 받아도 싸다고 생각한다. [0]

3. 다른 사람들이 불친절하게 대하면 나에게 문제가 있다고 생각하고 절망한다. [0]

4. 자주 지나간 일을 곱씹으며 내가 겪은 부당함에 대해서 생각한다. [0]

5. 내게 상처를 입힌다면 어떤 식으로든 갚아 줄 것이다. [1]

6. 상처를 준 사람은 다시는 만나고 싶지 않다. [1]

7. 상대방은 언제나 나보다 옳다. [0]

8. 울분이 풀리지 않으면 내가 먼저 싸움을 걸 때도 있다. [1]

9. 가끔은 쥐구멍이라도 있으면 들어가고 싶은 심정이다. [0]

10. 상처받는 일이 생길 때마다 아무도 나를 좋아하지 않는다는 느낌을 받는다. [0]

11. 나를 좋아하지 않는 건 그 사람이 잘못된 거다. [1]

12. 다른 사람의 기분을 살피고 움츠러들 때가 많다. [0]

13. 내가 다르게 행동했더라면 모든 일이 잘됐을 거라고 자책한다. [0]

14. 작은 손해만 입어도 복수심이 생긴다. [1]

15. 어떻게 사람들이 나한테 그런 짓을 할 수 있지? 라고 원망한다. [1]

16. 나는 어떤 사람을 경멸한다. [1]
17. 그 상처는 내가 자처한 것이나 다름없다. [0]
18. 나는 민감한 사람이다. [0]
19. 나에게만 유독 나쁜 일이 일어나는 것 같다. [0]
20. 다른 사람의 충고는 필요 없다고 생각한다. [1]
21. 거부당하느니 아무 제안도 하지 않는 게 낫다. [0]
22. 다른 사람들은 능력도 없고 제대로 알지도 못한다. [1]
23. 나는 내가 쓸모없는 존재 같다고 느낄 때가 있다. [0]
24. 내 의견과 입장을 고수하기 위해 끝까지 싸운다. [1]

위의 테스트에서 점수가 높을수록 공격적인 성향이 강한 편이라고 할 수 있다. 상처받았을 때 격하게 분노하고 자기주장을 굽히는 일이 드문 사람은 자칫 다른 사람에게 또 다른 상처를 줄 가능성이 크다.

반대로 점수가 적으면 적을수록 상처받았을 때 우울증에 빠질 확률이 높다. 이런 사람들은 쉽게 자책하고 스스로를 부끄러워하며 열등감을 느끼고, 오히려 자기 자신을 향해서 공격성을 보인다.

상처받았을 때 '욱' 하는 분노가 생기지 않는 사람은 없다. 문제는 그 마음을 어떻게 다스리느냐다. 격한 분노나 지나친 자책은 자신에게 더 큰 상처를 남긴다. 분노는 쉽게 낙담하지 않는 투지로, 자책은 긍정적인 자기반성으로 활용해야 한다. 머리끝까지 화가 날 때나 열등감에 마음이 움츠러들 때 자신을 제어하는 안전핀으로 이 책을 활용하며, 스스로를 진정으로 사랑하는 사람이 되길 바란다.

참고문헌

Asper, Kathrin: Verlassenheit und Selbstentfremdung. Neue Zugänge zum therapeutischen Verständnis. Walter-Verlag. Olten 1997.

Berckhan, Barbara: Jetzt reicht's mir. Wie Sie Kritik austeilen und einstecken können. Kössel. München. 3. Aufl. 2012.

Branden, Nathaniel: Die 6 Säulen des Selbstwertgefühls. Erfolgreich und zufrieden durch ein starkes Selbst. Piper, München, 2. Aufl. 2011.

Buber, Martin: Das dialogische Prinzip. Ich und Du. Zwiesprache. Die Fragen an den Einzelnen. Elemente des Zwischenmenschlichen. Zur Geschichte des dialogischen Prinzips. Gütersloher Verlagshaus, Gütersloh, 10. Aufl. 2006.

Eichenbaum, Luise/Orbach, Susie: Bitter und süß. Frauenfeinschaft-Frauenfreundschaft. Econ, Düsseldorf, 3. neu bearbeitete Aufl, 1996.

Heim, Vera/Lindemann, Gabriele: Erfolgsfaktor Menschlichkeit. Wertschätzend führen - wirksam kommunizieren. Ein Praxis-Handbuch, Junfermann, Paderborn 2010.

Heim, Vera/Lindemann, Gabriele: Erfolgsfaktor Menschlichkeit. Werschätyend führen-wirksam kommunizieren. Ein Praxishörbuch (3 CDs, 202 Min), Junfermann, Paderborn 2010.

Hirigozen, Marie-France: Die Masken der Niedertracht. Seelische Gewalt im Alltag und wie man sich dagegen wehren kann. dtv, München 2002.

Köster, Rudolf: Was kränkt, macht krank. Seelische Verletzungen erkennen und vermeiden. Herder, Freiburg 2000.

Kraiker, Christoph: Die Fabel von den drei Kränkungen. In: Hypnose und Kognition. 1994. Band 11. H.1. und 2.

Linden, Michael: Posttraumatic Embitterment Disorder. In: Psychotherapy and Psychosomatics. 2003, 72 195-202쪽.

Lückel, Kurt: Kränkung hat Geschichte. In: Wege zum Menschen. Jahrgang 35. H.1 20-27. Vandenhoeck & Ruprecht. Göttingen 1983.

Miner, Valerie; Longion, Helen (Hrsg.): Konkurrenz. Ein Tabu unter

Frauen. Verlag Frauenoffensive, München 2002.

Müller-Luckmann, Elisabeth: Die groß e Kränkung. Wenn Liebe ins Leere fällt. Rowohlt. Hamburg. erw. Neuausg. 1998.

Oberdieck, Hartmut/Steiner, Claude/Michel, Gabriele: Die Kunst, sich miteinander wohl zu fühlen. Emotionale Kompetenz in Familie und Partnerschaft. Herder, Freiburg 2004.

Radeyky, Regina: Zum Merkmal der Kränkung im Zivilrecht. In: Haselbeck, Helmut u.a.: Kränkung. Angst und Kreativität. Interogative Psychiatrie, Innsbruck 1996.

Ranke-Graves, Robert, von: Griechische Mythologie. Quellen und Deutung. Rowohlt, Hamburg, 18. Aufl. 1984.

Rosenberg, Marshall B.: Gewaltfreie Kommunikation. Eine Sprache des Lebens. Junfermann, Paderborn, 9. Aufl. 2007.

Singer, Kurt: Kränkung und Kranksein. Psychosomatik als Weg zur Selbstwahrnehmung. Piper, München. 3. Auf. 2000.

Thich Nhat Hanh: Ein Lotus erblüht im Herzen. Die Kunst des achtsamen Lebens, Goldmann, München 1995.

Wardetzki, Bärbel: Weiblicher Narzissmus. Der Hunger nach

Anerkennung. Kösel, München, 23. Aufl. 2011.

Wardetzki, Bärbel: Ohrfeige für die Seele. Wie wir mit Kränkung und Zurückweisung besser umgehen können. Kösel, München, 9. Aufl. 2007.

Wardetzki, Bärbel: Mich kränkt so schnell keiner! Wie wir lernen, nicht alles persönlich zu nehmen. dtv. München, 2003.

Wardetzki, Bärbel: Kränkung am Arbeitsplatz. Strategien gegen Missachtung, Gerede und Mobbing. dtv. München, 2012.

Weakland, John H.: "Double-Bind Hypothese und Dreier-Beziehung". In: Bateson et al.: Schizophrenie und Familie. Suhrkamp, Frankfurt 1974. S.221-222.

옮긴이 두행숙

서강대학교 독어독문학과를 졸업하고 독일 뒤셀도르프대학교에서 독일문학으로 박사학위를 취득했다. 한국교원대, 충북대, 중앙대 등에서 독일문학과 철학을 강의했고, 현재 서강대에서 독일문학, 독일문화사, 독일어를 강의하며 번역 활동을 하고 있다. 주요 번역서로는 『스마트한 생각들』, 『스마트한 선택들』, 『시간이란 무엇인가』, 『꿈꾸는 책들의 도시』, 『의사결정의 함정』, 『헤겔의 미학강의』, 『젊은 베르테르의 슬픔』, 『차라투스트라는 이렇게 말했다』 등이 있다.

dhsintern@naver.com

너는 나에게 상처를 줄 수 없다

초판 1쇄 발행 2015년 4월 23일
초판 58쇄 발행 2025년 1월 31일

지은이 배르벨 바르데츠키 **옮긴이** 두행숙

발행인 이봉주 **단행본사업본부장** 신동해
교정교열 오미영 **마케팅** 최혜진 이은미 **홍보** 반여진 허지호 송임선
국제업무 김은정 김지민 **제작** 정석훈

브랜드 걷는나무
주소 경기도 파주시 회동길 20
문의전화 031-956-7355 (편집) 02-3670-1123 (마케팅)
홈페이지 www.wjbooks.co.kr
인스타그램 www.instagram.com/woongjin_readers
페이스북 www.facebook.com/woongjinreaders
블로그 blog.naver.com/wj_booking

발행처 ㈜웅진씽크빅
출판신고 1980년 3월 29일 제406-2007-000046호

한국어판 출판권 ⓒ 웅진씽크빅 2013
ISBN 978-89-01-16119-8 03180

걷는나무는 ㈜웅진씽크빅 단행본사업본부의 브랜드입니다.
이 책의 한국어판 저작권은 BC에이전시를 통한 저작권자와의 독점 계약으로 '웅진씽크빅'에 있습니다.
저작권법에 의해 한국 내에서 보호를 받는 저작물이므로 무단전재와 복제를 금합니다.

· 잘못된 책은 구입하신 곳에서 바꾸어 드립니다.
· 책값은 뒤표지에 있습니다.